シリーズ国語授業づくり

発問

考える授業、言語活動の授業における効果的な発問

監修　日本国語教育学会　企画編集　功刀道子

編著　寺井正憲・伊崎一夫

東洋館出版社

まえがき　魅力的な「国語」の授業のために

話す力は、話す活動を通して身に付きます。ですから、「話すこと」の学習においては、話す活動自体を、学び手にとって充実したものにしなければなりません。充実した話す活動を通して、初めて「話すこと」の力は学び手自身のものとして身に付くのです。

「書くこと」の学習も、「読むこと」の学習も同じです。すべての言語能力は、それぞれ充実した言語活動を通して学び手のものとなります。小学校においても、中学校・高等学校においても、「国語」の学習は、充実した言語活動として成立させなければなりません。

「国語」の学習として、言語活動を学び手にとって生き生きと充実したものにする――それが国語単元学習です。すなわち、国語単元学習は、学び手にとって、生きた実の場の言語活動を通して、国語学習を成立させようとするものです。

国語単元学習には、活動形態としては様々なものがありますが、大事なことは、学び手が自らの課題を中心に、情報の収集・再生産の活動や、協働的な交流活動などを行い、主体的に課題を追究し、解決していくプロセスを、学習活動として組織することです。一貫した課題追究の過程が、学び手自身のものとして成立するとき、「国語」の授業は魅力的なのです。

「国語」の授業を、魅力的な言語活動の実の場として成立させたいと思います。そのためには、学び手が自ら参加することで、その活動が学習として有効に成立するようにしなければなりません。教師の学習支援としての「発問」も「板書」も、また課題解決のための調べ学習や、協働学習としての交流活動も、「国語」の学習としての言語活動をより一層充実したものにする上で重要な手がかりとなるものです。

本シリーズは、単元学習を柱として展開する参加型の国語授業を成立させることをねらいとしていますが、まず初めに、教師が心得ておくべきことを、六冊にまとめました。

なお、今日、「アクティブ・ラーニング」という言葉で課題解決の活用型の学習が求められるようになっていますが、それこそ私たちの日本国語教育学会が一貫して求めてきた単元学習の特質の一つです。また、協働的な学習も、単元学習を成立させる課題追究の「交流活動」として実践してきたものです。そのような点で、本シリーズにはこれからの時代の国語科の可能性を拓く鍵が、間違いなくあると言っていいでしょう。

本シリーズは、教師としてのスタートラインに立った若い先生方に、ぜひ手にとっていただきたいと思っています。同時に、ベテランの先生方にも、ご自分の経験をふり返り、改めて実践の方向を見据えていく上で、ぜひ目を通していただきたいと思います。また、それぞれの地区や校内で指導的な立場に立っておられる先生方にも、教育実践のレベルアップのために、改めて参考にしていただきたいと思います。

本シリーズは、日本国語教育学会の教育情報部の事業として、小学校部会と合同で、各巻担当の学会理事によって企画・編集・執筆され、東洋館出版社のご尽力により刊行の運びとなったものです。

平成二十七年七月

湊　吉正（日本国語教育学会会長）
田近洵一（日本国語教育学会理事長）

もくじ

Ⅲ章 学習者を生かす発問

Ⅳ章

「発問」で見る単元展開例

Ⅰ章

授業づくりと発問

1 授業づくりと発問の研究

国語科の授業は、学習指導要領に示されるように、言語活動を通して指導事項の基礎的・基本的な知識・技能の習得と活用を実現し、状況に応じて効果的に言語運用する能力を身に付けさせようとしています。言語活動の授業は、学習課題を解決し実現するという学習者に意味のある言語運用を促し、効果的な学習指導を成立させます。教師が誘導してわからせる教師主導を中心とした授業から、学習者が自ら言語活動を行うことで、わかった、できたを実現する学習者の学びを中心にした授業に転換していくことが大切です。全国学力・学習状況調査（以下、全国学力調査とする）の結果からも、平均正答率が高い学校では、各教科等の指導に言語活動を適切に位置付けているという結果（平成二十六年度調査の結果概要による）が出ており、学力向上のために言語活動の授業づくりは欠かせません。

さて、本書のテーマである発問も、言語活動の授業づくりを前提に考える必要があります。発問は、どの領域の学習指導にも大切なものですが、特に読むことの学習指導で重要とされてきていますので、以下読むことを中心にしますと、これまで発問は物語なり説明文なりを読み取らせることを第一の目的としていました。しかし、「読み取らせる」では、ＰＩＳＡ型読解力でいう情報を取り出す能力が中心で、学習指導要領でいえば、解釈に関する事項や自分の考えの形成に関する事項にかかわる、複数の情報を関係付ける能力や自分の考えと照らし合わせながら評価したり言語活動に活用したりする能力が抜け落ちてしまいます。また、何のために読むかが曖昧で教師の誘導なくしては学習が進みませんが、これでは目的を実現するためにどう学び、どう考え、どう読むかという、智恵を使って戦略的に読んで課題解決を図る、いわゆる二十一世紀型能力の育成に弱点があります。

そこで、本書は言語活動の授業づくりを前提にして、効果的な学習指導のための発問、学習者を生かす発問を中心に、これからの時代における発問の在り方について提案していきます。

2 単元の展開に即した発問

授業で発問を考える場合、ゴールとする言語活動を実現するために営まれる学習過程に即した発問にすることと、言語活動の種類や文章のジャンルに応じた発問にすることが大切になります。

まず、前者についてですが、通常、単元は言語活動を実現する課題解決過程に即して構成されます。

導入部　第一次：言語活動の学習履歴や言語体験を振り返る、ゴールとなる教師の見本などを見て学習課題の具体的なイメージをもちモチベーションを高める、ゴールに向かう学び方を考え、学習計画を立て見通しをもつ、必要な文章や資料を選択する、など。

展開部　第二次：見本を参考に言語活動に応じた読み方や考え方を知って使う、課題に応じて文章の情報を取り出す、取り出した情報を分析したり比較したり関係付けたりして解
　　　　〜
　　　　第三次　釈する、体験と関係付けて解釈する、調べ学習などで必要な情報を調べたり関係付けて解釈したりする、見本などを参考に表現したり交流したりする、など。

終末部　第四次：わかったことやできたことの内容、やったことや学んだことの意味や価値、言語活動を行う場合に大切にすべき知識や技術、方法などを振り返る、など。

全国学力調査では見通しや振り返りを行う学校で平均正答率が高いこと（平成二十五年度調査の結果概要による）が示されています。これらはメタ認知（言語活動のモニタリングと管理や調整）の能力で、活用にかかわる学力では特に重要視されています。これまでの読解指導では、この能力に関する指導が不十分でした。単元展開に即した発問では、展開部は言語活動の種類や文章のジャンルで異なりますが、導入部や終末部は共通します。

導入部では、言語活動や言語体験を思い出させ、そこで学んだ学び方、考え方、読み方を想起することを促す発問が大切です。また、教師の見本やモデルを見せて、その言語活動を実現する楽しさや価値を魅力的に教師が語るとともに、学習経験にもとづきながら、どのような勉強を、どのような順序でやっていくか、見通しをもたせる発問を行い、その後、学習計画を立てていきます。

終末部では、①導入部で立てた学習課題となるゴールが実現したか（できたか、わかったか）、②行った言語活動にどんな意味や価値があるか、③学習過程を通して学んだ知識や技能、言語活動のノウハウなどは何か、の三点を評価させる発問が大切です。①、②は、学習者に達成感や自己肯定感をもたせ、言語活動が実生活に役立つことを実感させます。③は、例えば帯による本紹介であれば、学習のポイントとなる人物やあらすじ、メッセージ性、ボディコピーやキャッチコピーづくり、レトリカルな表現、本の選書や効果的な展示に関する学習などについて、学びを言葉で整理するようにします。そして、次回の紹介活動の導入部で想起し使えるようにしていきます。

3 言語活動の種類や文章のジャンルに応じた発問の工夫

展開部は、言語活動の種類や文章のジャンルに応じて発問が異なってきます。それは、言語活動や文章のジャンルによって身に付けさせようとする能力が異なってくるからです。ジャンルのことは次節で述べるので、ここでは言語活動の違いによる発問について考えていきたいと思います。

言語活動を選択するときに考えなければならないのは、まずは、学力調査の結果などにもとづき実態に即した言語活動を選択するということです。学力的に課題が多い学校では、音読や視写などを多用した音読発表会、アンソロジーづくり、紙芝居づくりとその上演などから始めていく必要があります。例えば、場面の様子や人物の心情の理解を促す発問と、それを音読や絵などに表現することを求める指示を組み合わせながら、発問を構成していきます。学力的に高ければ、この後に述べるような言語の機能や表現の様式を明確にした言語活動を行うようにします。

次に、大切になるのは言語の機能や表現の様式の系統を考えることです。従来の読解指導では主に感想の系統の学習でしたが、学習指導要領の言語活動例には、感想の系統に加え、紹介や推薦の系統、説明や解説の系統、評価や批評の系統、調べ読みや編集などの情報活用の系統が示され、基本的にはそれらのすべての言語活動が国語科教科書に取り入れられています。これらの系統のバランスを考えて授業を行うとともに、系統に応じた発問を考える必要があります。

言語活動の難易を考慮すると、まず読みの観点（文学的な文章であれば、あらすじや構成、人物や人物関係、お気に入りの場面、優れた叙述や表現など）が明確になり、その観点ごとに読んでいくことで成り立つ、説明や解説、あるいは説明などを基本的な方法としている紹介や推薦の系統の言語活動が有効です。解説や推薦は高学年で設定され、読者である学習者の解釈がかなり求められますので、単純な説明や紹介を取り入れた物語や、本などの紹介やガイドブックづくりの言語活動から始めるとよいでしょう。次に、少し難度を上げて、読みの観点にかかわって読者の感じたり思ったりすること、各観点を関連付けて解釈することが求められるようになる感想の系統、あるいは先に述べた読者の解釈の要素が強くなる解説や推薦の系統がよいでしょう。さらに、読者の解釈の精度や説得力を増す学習に評価や批評の系統の言語活動が位置付きます。これらの言語活動に情報の処理量が増大する調べ読みや編集の言語活動が組み込まれることで、学習の難度はさらに高くなっていきます。

これらの言語活動では、読みの観点を操作するために共通教材を使った必要な知識や技能を習得する学習と、その学習にもとづいて知識・技能を学習者各自が異なった文章や資料で活用する学習が行われるようになります。この内、共通学習にかかわるところが授業では重要になり、そのことにかかわる発問を工夫することが大切です。

共通学習でまず大切になるのは、見本などを参考に言語活動に応じた読み方や考え方を知る学習です。見本は、学習者の学びの状態に応じて違った機能を示すもので、導入時であれば、ゴールを知る学習材として機能しますが、詳細に読む段階では読み方や考え方を知るための学習材として機能します。各自で読書活動を展開するなら教科書教材を共通教材として、教師が到達させようとする言語活動のゴールを、感想なら感想文、紹介なら紹介文、批評なら批評文というように見本を作り、それを提示して、教材文と見本を比べさせて、メタ認知を促す発問や指示をして、そのような読み方や考え方を学習することを確認します。このような学習は、全国学力調査の平成十九年度B問題3、平成二十五年度B問題3で出題されています。従来の読解指導では、読み方は教師が隠しておいて発問で学習者を誘導しますが、言語活動の学習指導では読み方を学習者に明示して、発問でその読み方や考え方を意識させて能力として使わせるようにします。

易しい説明や紹介の系統の学習では、読みの観点ごとに主に教材文から観点に関連する情報を取り出す勉強を中心に行います。人物であれば、例えば「この物語で登場する人物はどのような人物ですか。どこを読めばわかりますか」、あらすじや文章構成にかかわるものであれば、例えば「この説明文は、どのような文章構成で説明されていますか。どうやればそれがわかりますか」など、観点に着目した課題となる発問や課題を解決する方法にかかわる指示を提示します。

難度が増す解説や推薦、感想などの系統の学習では、取り出した情報を分析したり、教材文中の情報と情報、教材文と他の文章や資料の情報を比較して分析したり、それらの情報を関係付けて理由や意図を解釈したりする発問や指示を行うようにします。主に「なぜ」の発問を中心に展開します。例えば「なぜ登場人物はそのようなことをしたのだろうか。理由を考えてみよう」など、人物の行動の理由となる心情や状況を突き詰めて解釈したり、例えば「なぜ筆者はこのような述べ方をしたのだろうか。どのような効果をねらったのかな」など、筆者の意図を考えさせる発問を行います。

これに加えて解説や推薦、感想などの系統の言語活動では、自分の体験と関係付けること、既読の文章や資料と関係付けること、既習の学習内容と関係付けることなど、解釈を深めたり広げたりするために重要になります。いわゆる深い読みには、このような読み方が多用されます。このような読み方を促すために、自分の体験、新聞やテレビの報道などと結び付けて考えさせることが大切です。

最も難しい評価や批評の言語活動を行う場合には、一つの教材文だけでは批判的に考えることが難しいので、複数の資料や例を示し、どれがよいかの選択を促す発問を行い、理由を挙げて考えさせることで評価や批評の学習も易しく教えられます。また、難度の高い調べ学習では、教師の発問で動かすより、学習者自らの問いで動くようにすることが大切です。さらに、表現活動を伴う編集学習などを取り入れる場合は、表現の工夫に着目させる発問が必要ですが、表現の工夫をメタ認知させるのは難しい操作なので、できれば二つの教材文（自作も可）を比べさせるとわかりやすくなるでしょう。

なお、すべての発問に言えることですが、発問の前提として学習者一人一人が頭にイメージを想起したり意味を蓄えたりする時間を十分に取らなければ、いくらよい発問をしても学習者は答えられません。そのためには、音読や視写の時間を十分に取り、イメージや意味を頭に蓄える時間を確保することが大切です。一、二回の音読の発問では手の上がる人数は三〜七名といったところかと思われます。手が挙げられないのは、頭にイメージや意味が蓄えられていないサインと見て、無理に話し合いに移らず、さらに音読を四、五回取り入れるようにしましょう。下手な発問より音読十回です。発問してから音読させるのもイメージや意味を蓄えるのには効果的です。

4 文章のジャンルや言語活動に応じた教材研究と発問の構成や工夫

効果的な発問を行うための準備として最も重要なことは、教材研究です。従来の読解指導で重視されたのは徹底した作品や文章の分析です。言語活動の授業づくりで重要になるのは、先の作品や文章の分析に加えて、言語活動の教材研究が必要になります。

作品や文章を分析するオーソドックスな教材研究の方法は、まずノートを上下半分に分けて、上段に本文を視写し教材文を教師自身が読み込んで、下段に分析や解釈をしてわかったことを書き込んでいくというものです。さらに、指導書や実践事例集なども参考にして詳細に分析したことをさらに書き込んでいきます。従来は、そのような教材研究によって発問や発問の構成を考えてきました。

言語活動の教材研究とは、教師自身が学習者にさせようとする言語活動を自ら行うことです。感想文、紹介文、批評文、ガイドブックなどを、読みの観点、文章の情報、他の文章や資料の情報の持ち込み方、読み方や考え方、表現の仕方など、自分がどのような力を身に付けさせたいのかを考えながら、そのような能力の発動の現れとして見本を作るのです。話し合いにしても台本を作ることを通して教材研究ができます。先に見本を使って読み方や考え方をメタ認知する発問を紹介しましたが、そのような操作はすべて言語活動の教材研究があってのことです。

発問を構成する原理ですが、学習者のメタ認知能力を高めるためには、基本的にはゴールとなる学習課題にかかわる発問→ゴールに到る道筋や方法にかかわる発問→学習過程の各局面における枝葉の発問、という大局から細部への順序で構成します。発問―応答の授業展開の場合、教師が学習者を牽引する形で授業が進みますので、ともすれば盛り上がるかどうかなど目先のことにとらわれた枝葉の発問だけで構成することになり、結果として行く先のわからない発問を繰り返し、学習が混乱していきます。発問の構成をよく考え、どこに進むかを常に意識して発問を構成することが大切です。まずは発問を数多く書き出し、次いで取捨選択して、そして樹形図などで構造化してみるのもよいでしょう。このことは単元全体にも、また本時の授業にも通じる原理となります。言語活動の授業では、課題解決過程に即して発問を構成することになりますので、基本的には学習者がゴールを見据えて計画的に活動できるように、大局から細部へと展開する構成になります。
さて、これまでの読解指導で重視されてきたように、伝統的に文章のジャンルによって読みの観点など、読み方にかかわる知識やその運用方法としての技能が異なるため、ジャンルに応じて発問は異なってきます。ただし、平成二十年版学習指導要領では、ＰＩＳＡ型読解力を踏まえた新しい読み方が新しく加わっているので、特に説明的な文章では、注意が必要です。例えば、以下のようなものです。

文学的な文章‥物語の構成（設定―展開―山場―結末など）や構造（ファンタジーの現実世界―異世界―現実世界など）、場面、あらすじ、人物・人物関係、時・場所や状況の設定、事件や出来事、心情・心情の変化、描写、語り手や視点、メッセージ性、優れた表現、時代や社会の状況との関係、作者との関係、他の作品との関係など

説明的な文章‥**［要約の学習］**段落（形式段落・意味段落）や相互関係、キーセンテンスやキーワード、指示の関係、文章構成（問い―答え）、要点・要旨など／**［レトリック、メディアリテラシーの学習］**表現の工夫や効果、表現の意図、メディア、説明・説得・論証などの方法、図表・グラフ、写真など／**［情報の活用や編集の学習］**疑問、資料や情報の探索や選択、目次や索引、見出しやリード、引用、書き換え、レイアウト、メディアなど／**［論理の学習］**論証（主張―理由―根拠）、比較、関係、原因・結果、分析・総合、分類、順序、条件、観点、見方や考え方、反論など

これらの読みの観点に着目しながら、その観点にかかわる表現や情報、論理を取り出したり、それらの観点を使って言語運用する方法を理解させたり、実際に言語運用させたりする発問が考えられま

す。また、ＰＩＳＡ型読解力では読者の既有知識や体験、既習の学習などを想起して考えさせますが、それにかかわる発問も重要です。教材文や言語活動の特性を考慮し、単元で身に付けさせたい能力を明確にして、読みの観点を絞り、関係付けながら、発問を構成することが大切です。

5 自ら問い、考える学習者の育成のための発問、話し合い、板書、ノート指導

アクティブラーニングの授業づくりが重要になってきていますが、その授業づくりで大切にしたいのが学習者の問いです。その問いで課題解決学習が始動し展開されます。そのような学習者の問いは、教師や親に問われる経験を通して模倣されるものです。問われないと考えられない子どもではなく、自ら問うて考えられる子どもを育てていきたいものです。そのためには、学習者が模倣できるように発問するということを念頭に置き、その場凌ぎや捏ね繰りまわす発問でなく、ゴールの課題や解決過程が簡潔でわかりやすくなるように発問を工夫することを心懸けていきたいものです。

また授業は、例えば従来の読解指導に近い形となる感想の系統でも、単に発問だけで構成されるわけではなく、発問に応じて話し合い、板書、ノート活動が連動しながら構成されていくものです。

話し合いは、一般的には一時間の中で個人の学習→グループの学習（省略されることもある）→全体の学習→個人の学習、と学習形態が変化して展開されます。発問は本時の導入時にゴールの学習課題として示され、次いでその学習課題を実現するために枝葉の小課題が発問や指示で出され、個人で読んで調べる学習が行われます。個人の読みを共有しさらに探究する発問や指示が示され、二～四名程度のグループで話し合いが行われます。そして、グループでの知見を共有したりさらに高めたり深

めたりするための発問や指示、ないしはゴールの課題を再度確かめるような発問や指示が出され、学級全体で話し合われます。そして、最後にこれまでの学習でわかったことや考えたことを学習課題に即してまとめる個人学習が行われるようになります。

板書は、基本的に時間の流れで展開されるもので、従来の授業づくりでは板書計画が重視されてきました。発問は、授業を進展させ板書の展開と連動するので、板書計画とともに発問計画を立てていくのが一般的です。板書は、発問に対して学習者が答えたことを教師が適宜構造化して書いていきます。学習者の発言をすべて書こうとすると、書き切れないこともあり、また必ずしも適切でないことも書きがちなので、やり取りの中で適宜取捨選択しながら書いていきます。学習者に参加させる能動的な板書や思考を重視した板書などもあり、それらはノート活動の連動が重要になってきます。

ノート活動は、板書されたことを記録するだけというのでは、教師から学習者への一方向の伝達型の授業になってしまいます。授業は学習者が思考し、友達と協同して新たな意味を生み出していくもので、そのためにノートは情報や考えを分析したり関係付けたり展開したりする思考の基地（考えるノートといわれます）であり、発問や指示によって出された課題について話し合う材料を蓄えておくところです。ノート活動の一環でワークシートが使われることも多いのですが、発問―板書―ノート・ワークシートを立体的に結び付けて、常に学習者の頭の中で行われる情報の処理や思考の流れを想定しながら、授業を計画し展開していきたいものです。

Ⅱ章

「発問」の基礎・基本

※本章の実践例は、兵庫県三田市立ゆりのき台小学校の研究紀要から引用しています。

Q

1　言語活動を見通すためにどのように発問すればよいのですか？

A　「はじめの感想を出し合って、これからどんな勉強をすればよいか考えましょう」と発問することで、単元の言語活動を見通せるようにしましょう。

発問（子どもの興味・関心を探る）
「はじめの感想を出し合って、これからどんな勉強をするか決めましょう」

1年『どうやってみをまもるのかな』

子どもたちが感想を出し合う
・やまあらしの身の守り方がおもしろいな。
・ほかの動物はどんな身の守り方をしているのかな。

発問（言語活動の見通しをもたせる）
「これからの学習で動物の身の守り方を見つけながら、図鑑を作っていきましょう」

わたし「これからの学習で図鑑作りを頑張ろう」
・わたしは、これから動物の身の守り方を勉強して、図鑑を作るのが楽しみだな。

❶▼「はじめの感想を出し合ってこれからどんな勉強をすればよいか考えましょう」と発問しましょう

単元のはじめに初発の感想を交流することで子どもの興味・関心のありどころを確かめます。そのうえで言語活動を位置付けた学習計画を立てましょう。

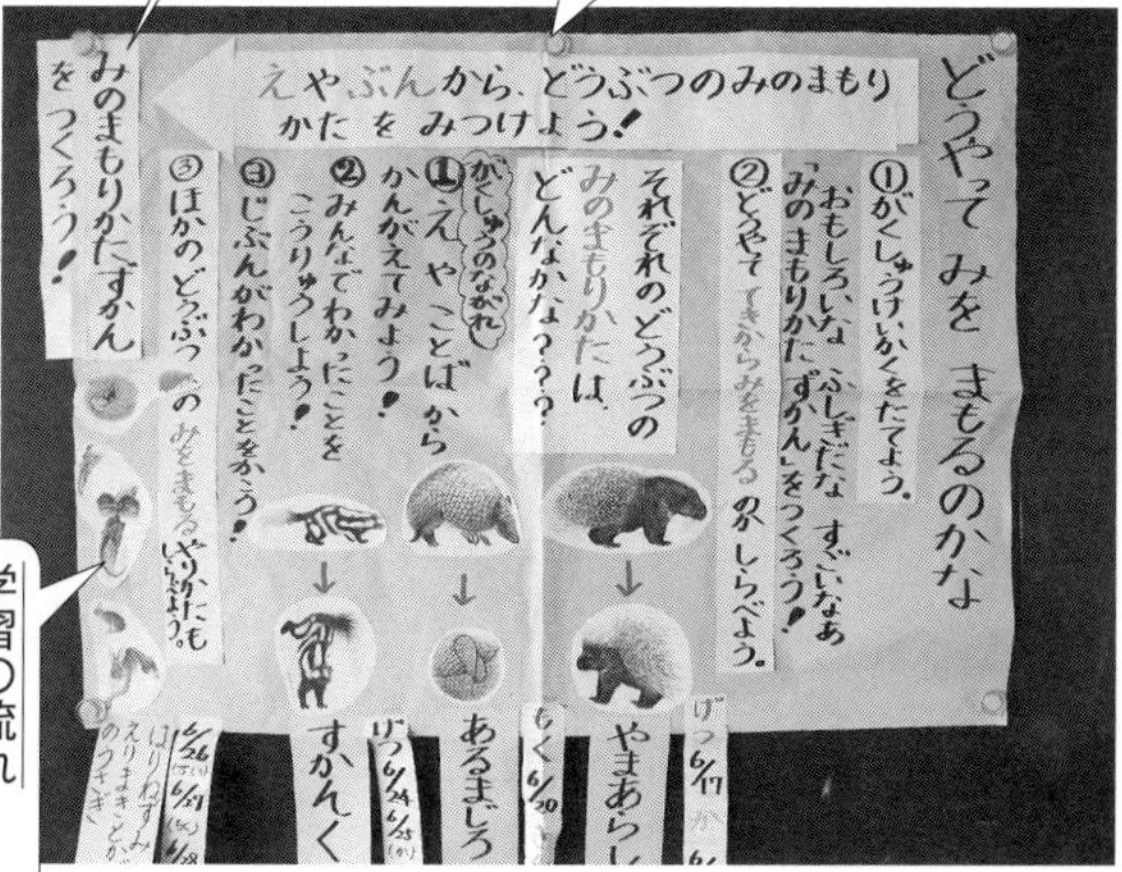

学習計画表

発問のポイント

×いきなり場面ごとに学習を進める。
○学習のゴールの言語活動を共有する。

❷▼「これから動物の身の守り方を見つけながら、図鑑を作っていきましょう」と指示しましょう

学習計画を立てたら、これから取り組む言語活動を子どもと共有します。その後、学習計画表を作って教室の前面に掲示します。

学習計画表には、

「言語活動」
「言語活動に向かう子どもの意識」
「学習の流れ」

などを明示します。そうすることで、子どもが学習の見通しをもてるようになります。

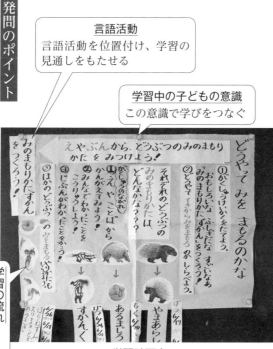

Q

2　言語活動を振り返るためにはどのように発問すればよいのですか？

A　「めあてに沿ってどんな言葉の力が身に付いたか考えましょう」と発問することで、言語活動を評価しましょう。

発問①（めあてに照らして自己評価を促す）
「めあてに沿って、どんな言葉の力が身に付いたか考えましょう」

４年『心の動きを伝えよう』

↓

わたし「自分の記事はめあてに沿って書けているかな」
・運動会のリレーの記事では、ドキドキしていた心からホッとしたことを書けました。

↓

発問②（めあてに沿って他者評価を促す）
「めあてに沿って、友達の記事をほめましょう」

↓

仲間からめあてに沿って新聞記事をほめてもらう
・本番では成功した心の動きがドキドキを使っていたのでよくわかりました。
・「ドキドキ」から「ほっとした」への変化がわかったよ。

❶「めあてに沿って、どんな言葉の力が身に付いたか考えましょう」と発問しましょう

振り返り活動では評価規準に沿って振り返ることが大切です。この単元では「運動会での心の動きを表現する」というめあてで新聞記事を書いたので「心の移り変わりが表現できているか」という評価規準で評価するように指示しましょう。

「心の移り変わりを表現する」という言葉の力を意識して書いた新聞記事の具体例

「タイミングばっちり！バトンパスリレー」

① 五月三十一日に、スポーツカーニバルで４年生がリレーをしました。

② リレーの時に、入場門に行くと、**心がドキドキしました。**練習の時に、たくさん失敗していたからです。練習ではバトンを落としてしまったり、リードが早かったりしたからです。本番ではリードのタイミングがばっちりだったから**ほっとしました。**１位だったからうれしかったです。

③ 来年もがんばります。

「心の移り変わりを表現できているか」という観点で評価活動をする。

自己評価

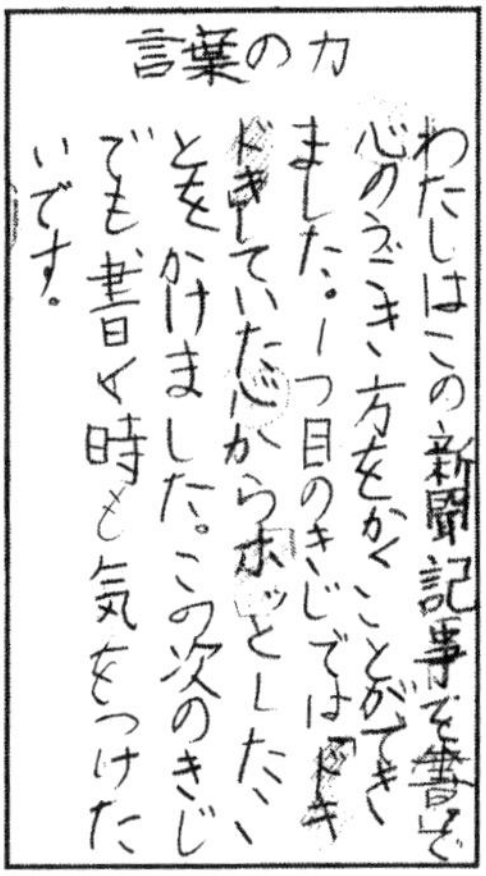

言葉の力
わたしはこの新聞記事で書で
心のうごき方をかくことができ
ました。1つ目のきじでは「ドキ
ドキしていた心からホッとした」
ことをかけました。この次のきじ
でも書く時も気をつけた
いです。

他者評価

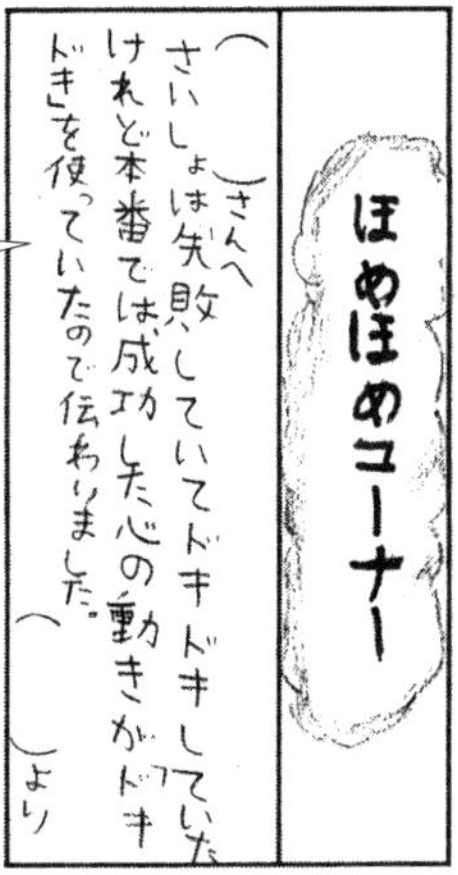

ほめほめコーナー
（　　）さんへ
さいしょは失敗していてドキドキしていた
けれど本番では成功した心の動きが「ドキ
ドキ」を使っていたので伝わりました。
（　　）より

明確な評価規準で振り返り活動をすることで、身に付いた言葉の力を意識できる。

発問のポイント

×単に「振り返りを書きましょう」と指示する。

○評価規準を明確にして振り返りを書くように促す。

Q

3　言語活動の見本やモデルを分析するためには、どのように発問すればよいのですか？

A　「どこにどんな項目が入っていますか？」と発問することで、言語活動に必要な項目が共有できるようにしましょう。

発問（文章構成を問う）
「この新聞記事の投書には、どの段落にどんな項目が入っていますか」

６年『新聞の投書を読んで意見を書こう』

わたし「どんな文章構成になっているのかな」
・本論には経験や意見が書いてあるね。
・結論では「～しましょう」と呼びかけているよ。

指示（モデルを参考にするように促す）
「モデルの文章構成を参考にして、投書を書きましょう」

わたし「モデルの構成を生かして投書を書こう」
序論（話題の提示）→本論（事実＋考え）→結論（主張）
この文章構成で投書を書いてみよう。

❶▼「この新聞記事の投書には、どの段落にどんな項目が入っていますか」と発問しましょう

単元のはじめには、言語活動のモデルを分析する学習が有効です。「投書」という言語活動を設定する場合は、投書の文章構成を問う発問をして、どのように書けばよいかを明らかにしましょう。

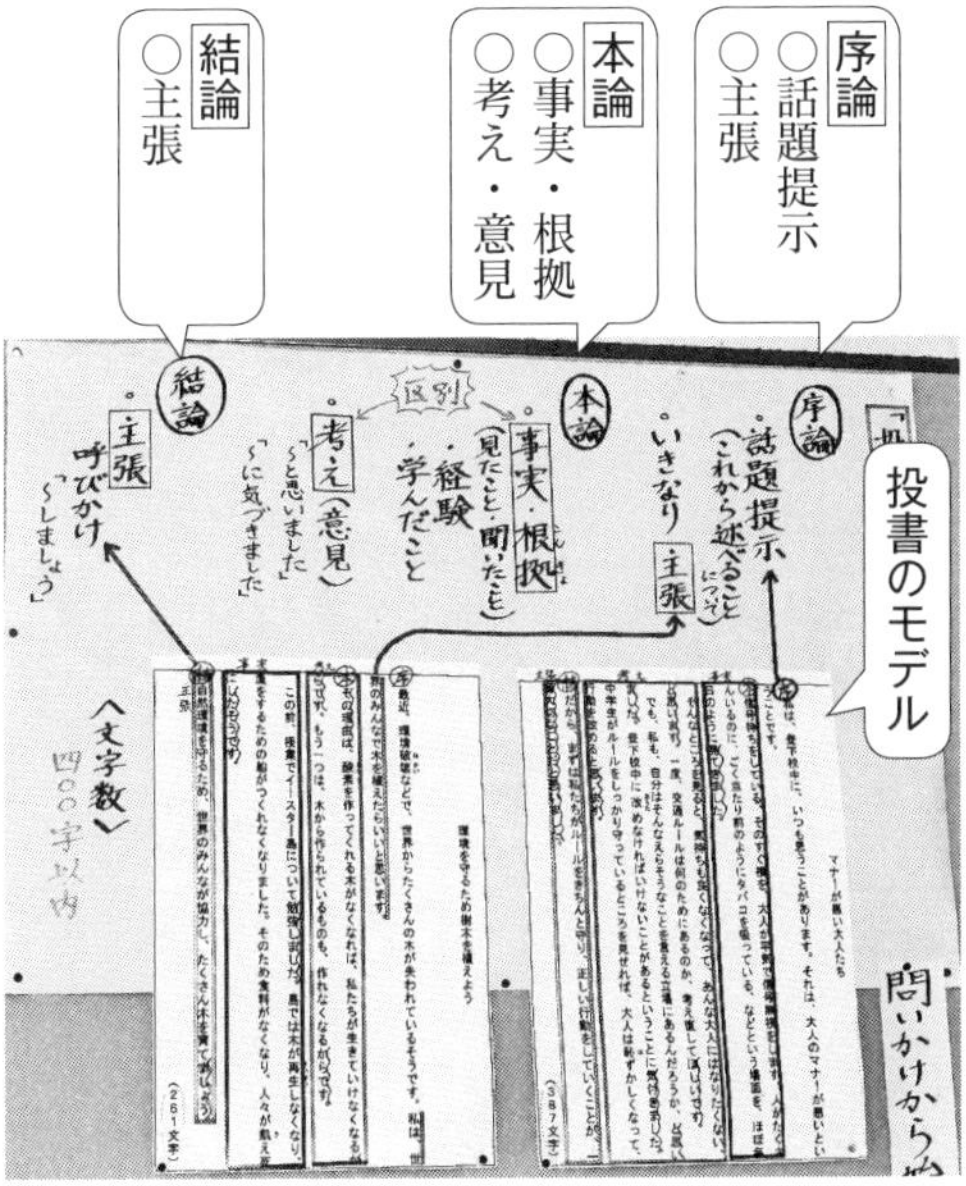

❷▼「モデルの文章構成を参考にして、投書を書きましょう」と指示しましょう

子どもたちが取り組む言語活動の条件を目に見える形にすることで、見通しをもった学習ができます。

学習モデルの文章構成を参考にして投書を書くように指示しましょう。そうすることで、子どもたちは主張を伝えるための書き方を身に付けることができます。

発問のポイント

×いきなり「投書を書きましょう」と指示する。

○学習モデルを分析して、投書に活用するように指示する。

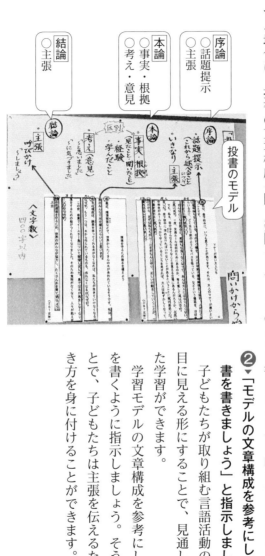

Q

4　読む活動と表す活動を効果的に融合するためには、どのように発問すればよいのですか？

A　「読み方の方法にもとづいて本の紹介をしましょう」と発問することで、読みと表現をつなぎましょう。

5年『世界でいちばんやかましい音』

発問①（構造的な読みを学ぶ）
「設定から物語がどのように変化するのか読み取りましょう」

→

子どもが物語の構造をとらえる
・「山場」で自然の音を聞いたから「設定」と「結末」が変化したんだな。

発問②（読み方を活用する）
「紹介したい本では、設定からどのように変化していますか」

→

子どもが物語の構造を読む
『ホームレス中学生』でも、「設定」と「結末」が大きく変化しているね。変化の理由は「山場」にあるよ。

発問③（読み取った構造を生かして本紹介をする）
「読み方の方法にもとづいて、本紹介しましょう」

→

子どもが物語の構造を紹介
『ホームレス中学生』でも、「設定」と「結末」の変化を「山場」と結び付けて紹介したいな。

❶「物語の変化を読み取って本紹介をしましょう」と発問しましょう

物語の構造を読み取って言語活動で表現する単元計画を立てることで、読む活動と表現活動をつなぐことができます。

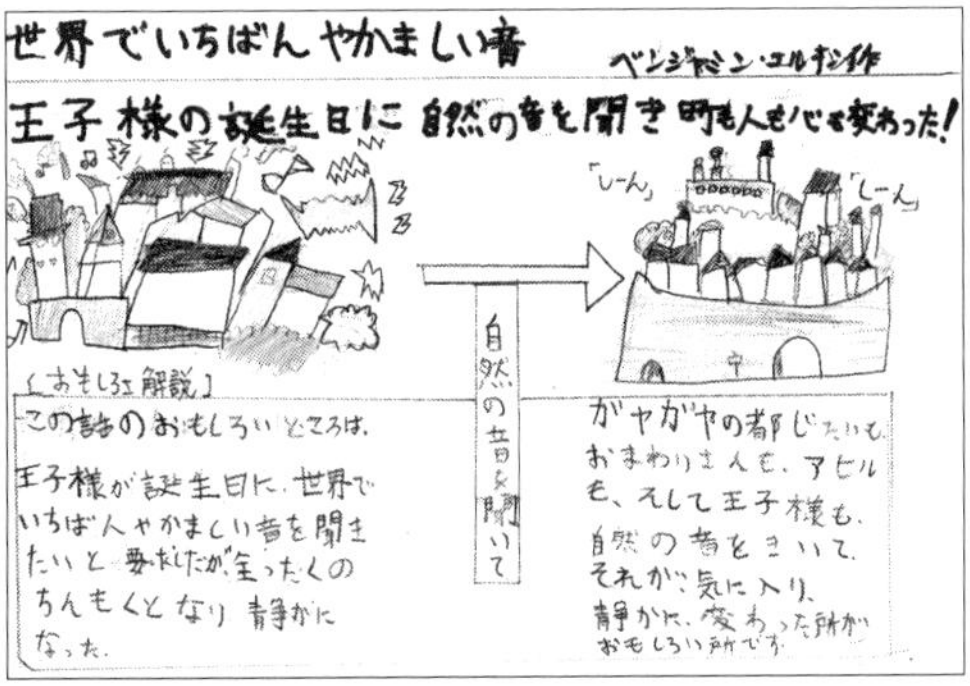

設定 「山場」が変化の理由 結末

習得した読み方の方法にもとづいて、選んだ物語の本紹介をする。

設定 「山場」が変化の理由 結末

発問のポイント

×内容の読みだけを問う。

○習得した読み方の方法にもとづいた表現活動を促す。

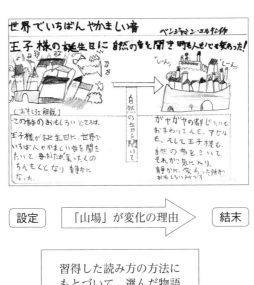

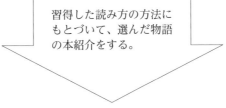

Q

5　言語活動での思考を促す発問はどうすればよいのですか？

A　言語活動の条件として「際立たせたい一行を考えましょう」と発問することで、思考を促しましょう。

発問（読みを深める）
「中心人物・太一が村一番になった瞬間の一行はどこでしょう」

6年『海のいのち』

わたし「太一が村一番になった瞬間はどこかな」
・与吉じいさに「村一番」と言われたときかな。
・口から銀のあぶくを出した瞬間に太一は変化しているよ。
・もりの刃先を足の方にどけた時に「海のいのち」に気づいたのかな。

指示（条件のある言語活動を指示することで思考を促す）
「選んだ一行に解説を書いて、本紹介をしよう」

わたし「この一行を解説して本紹介をしよう」
・「ほほえみ」と「笑顔」の違いを解説することで、太一の成長をみんなに紹介しよう。

❶▼「中心人物・太一が村一番になった瞬間の一行はどこでしょう」と発問しましょう

子どもの思考を深めるためには、言語活動に条件を付ける必要があります。「自由に本紹介しましょう」という指示で思考は深まりません。この単元では、「太一が村一番になった瞬間を紹介する」という条件を指示しましょう。

❷▼「選んだ一行に解説を書いて、『海のいのち一行ポップ』を作ろう」と指示しましょう

選んだ一行に解説をつけて一行ポップを作る指示をしましょう。「一行で紹介する」という条件が付くことで子どもの思考は深まります。また、お互いに選んだ一行を交流することで、話し合い活動の観点を明確にすることができます。

発問のポイント

×自由に本紹介を促す。
○条件を付けた本紹介を指示することで思考を促す。

「太一が村一番になった瞬間」を選んで作った「一行ポップ」

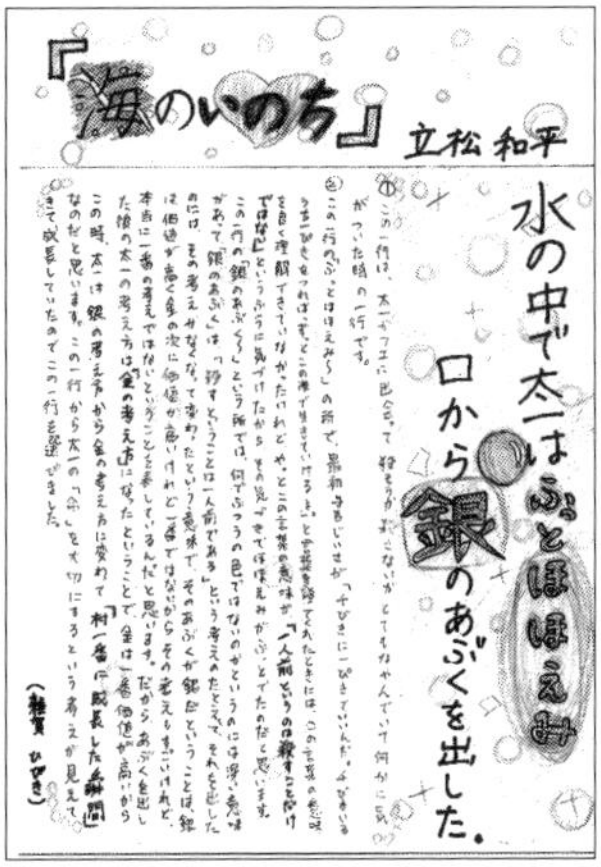

Q

6　よい発問とよくない発問にはどのような違いがありますか？

A　めあて達成に向けて焦点化した発問をしているかどうかの違いがあります。

5年『手塚治虫』

よくない発問（なんとなく問う）
「伝記を読んで思ったことを書きましょう」

⇒ 焦点化しないで発問している。

よい発問（焦点化して問う）

①「人物像がわかる出来事を見つけましょう」

↓

②「見つけた出来事を、『生い立ち』『出会い』『功績』『最期』などの観点に分類し、人物像を深めましょう」

↓

③「観点に沿って他の伝記を読んで、人物像を見つけましょう」

⇒ 「この伝記学習で人物像を見つけるための観点を共有し、多読に生かす」と、めあてに向けて焦点化した発問をしている。

よくない発問 「伝記を読んで思ったことを書きましょう」

なんとなく発問しており、焦点化されていない。

伝記学習をするときに、なんとなく文を読んで感想を書くように促しても学習は深まりません。まず、単元でどんな力を付けたいのかを明確にしてめあてを決めます。今回は「観点に沿って伝記を読み、自力で人物像を深める力」を身に付けることです。このめあてを達成するために意図的に発問をします。

よい発問

①「人物像がわかる出来事を見つけましょう」

→ 必要な情報を取り出す意図

②「見つけた出来事を、『生い立ち』『出会い』『功績』『最期』などの観点に分類し、人物像を深めましょう」

→ 情報を観点ごとに分類する意図

③「観点に沿って他の伝記を読んで、人物像を見つけましょう」

→ 観点を生かして多読する意図

めあてを達成するために焦点化した発問をしている。

発問のポイント

×なんとなく発問する。

○めあてを達成するために焦点化した発問をする。

Q

7　発問はどのように構成すればよいのですか？

A　主発問で「中心人物の変化」を問い、補助発問で「なぜ」「どのように」「どのくらい」を問うことで、人物像を深めましょう。

3年『モチモチの木』

主発問（中心人物の変化を問う）
「豆太の様子や気持ちの変化を見つけましょう」

わたし「中心人物・豆太の変化を見つけよう」
・おくびょうな豆太が勇気のある豆太に変わっているね。

補助発問①（読み深めを促す）
①変化の理由　「なぜ、豆太は変わったのかな」
②変化の内容　「どのように、豆太は変わったのかな」
③変化の大きさ「どれくらい、豆太は変わったのかな」

わたし「変化の理由・内容・大きさの根拠を探そう」
①「大すきなじさまの死んじまうほうが、もっとこわかった」
②「表戸を体でふっとばして走り出した」
③「一人じゃしょんべんもできない」→「なきなき走った」

❶主発問「豆太の様子や気持ちの変化を見つけましょう」と発問しましょう

この単元では、中心人物・豆太の様子や気持ちの変化を読み取って音読発表会をします。そのために、変化を問う主発問をします。しかし、この発問だけでは豆太の変化を読み深められません。そこで、豆太の変化を具体的に読み取れるように補助発問をしましょう。

子どもが見つけた豆太の変化
「おくびょうな豆太が勇気のある豆太に変わった」

この時点での子どもの読みは浅い。

補助発問①
（変化の理由）
「なぜ、豆太は変わったのかな」

大好きなじさまが死ぬほうがもっとこわかったから走った。

補助発問②
（変化の内容）
「どのように、豆太は変わったのかな」

表戸をふっとばして、足から血が出てもなきなき走った。

補助発問③
（変化の大きさ）
「どれくらい、豆太は変わったのかな」

一人でしょんべんもできなかったのに真夜中にとうげ道を走った。

発問のポイント

×主発問で中心人物の変化を問うだけ。
○補助発問で中心人物の変化の「理由」「内容」「大きさ」も問う。

Q

8　教材文を分析させるにはどのように発問すればよいのですか？

A　「まとまりを入れ替えるとどうなりますか？」と発問することで、筆者が順序立てて説明していることを確認しましょう。

指示（言語活動を促す）
「順序を表す言葉に気を付けて『たんぽぽのひみつブック』を作ろう」

2年『たんぽぽ』

↓

子どもが時間の順序に沿ってタンポポの動きをまとめる
「①晴れた日」→「②夕方」→「③よるのあいだ」→「④つぎの日」

↓

発問（順序の妥当性を問う）
「①から④のまとまりを入れ替えてもよいですか」

↓

子どもが時間の順序に沿った文章構成のよさに気付く
・夜のことを先に説明すると、順番がおかしくなる。
・朝から夜のことを言ってから次の日のことを言っているからこれでいいと思います。

❶▼「順序を表す言葉に気を付けて『たんぽぽのひみつブック』を作りましょう」と指示しましょう

まずは子どもたちに教材文で説明されている順序を捉えるための言語活動を指示しましょう。

❷▼「①から④のまとまりを入れ替えてもよいですか」と発問しましょう

この発問によって、時間の順序に沿って筆者が適切に説明していることを確認できます。低学年であっても論の進め方の確かさを学ぶことができます。

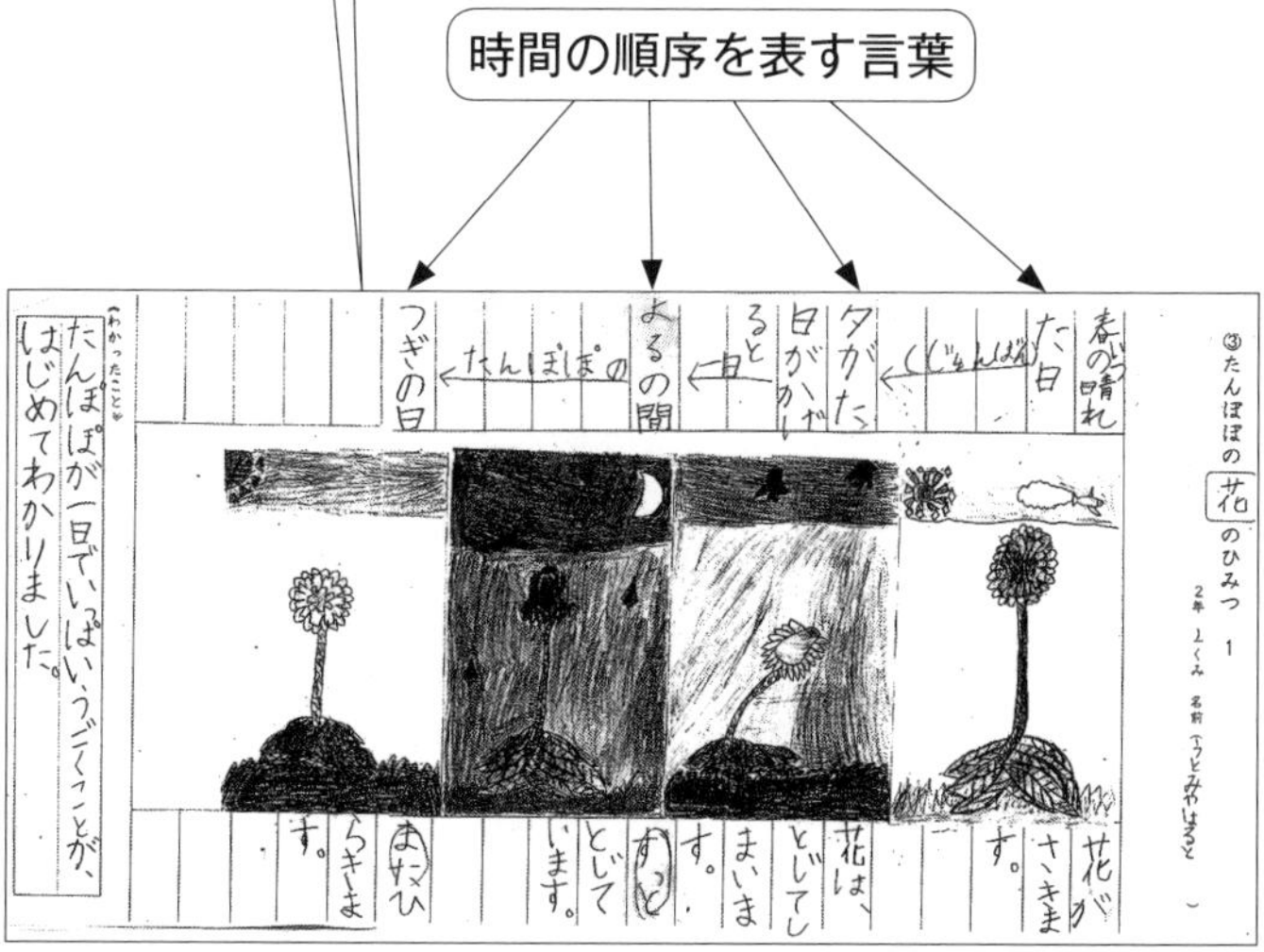

子どもの気付き

ちゃんと時間の順番に書いてあるから、入れ替えたらわからなくなるんだな。

発問のポイント

×内容を確かめる発問だけをする。

○筆者の説明が適切だと気付ける発問をする。

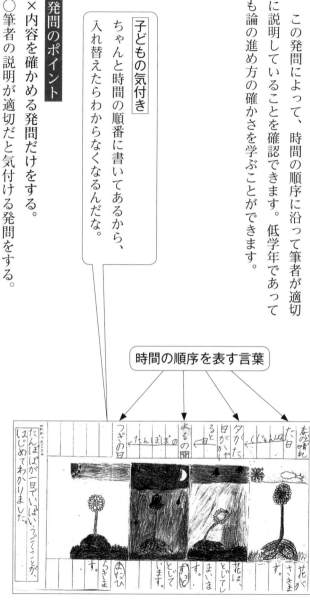

Q

9　教材文を解釈させるにはどのように発問すればよいのですか？

A　「なぜ、この出来事が起きたのでしょうか？」と発問することで、因果関係をもとに作品を解釈できるようにしましょう。

発問（因果関係を問う）
「なぜ、ごんは兵十にうたれなければならなかったのでしょうか」

4年『ごんぎつね』

わたし「結末とつながりのある出来事を探そう」
・設定に「いたずらばかり」とあったな。これが原因かな。
・兵十が「うなぎをぬすんだごんぎつねめが～」と言っている。ごんがうなぎをぬすんだからうたれたんだ。

指示（因果関係の説明を促す）
「見つけた考えを『だから』という言葉を使って説明しましょう」

わたし「行動の理由を考えて、人物像にせまろう」
・ごんは兵十のうなぎを盗んだことを兵十に気付かれました。だから、兵十にうたれてしまったんだと思います。

❶「なぜ、ごんは兵十にうたれなければならなかったのでしょうか」と発問しましょう

教材文を解釈するためには、作品中の因果関係を読み取る必要があります。作品中の中にある「AだからB」「AなのにB」といった因果関係を問う発問が有効です。

❷「見つけた考えを『だから』という言葉を使って説明しましょう」と指示しましょう

一人一人が考える因果関係は異なります。それぞれ違った叙述を根拠に解釈するからです。この違いが話し合い学習をする必然性につながります。

発問のポイント

×登場人物の気持ちだけを問う。
○教材文の因果関係を問う。

因果関係の交流によって解釈を深める

Aさんの考え	Bさんの考え	Cさんの考え
「いたずらばかりするごん」だから「兵十にうたれた」	「うなぎをぬすんだことを気付かれた」だから「兵十にうたれた」	「兵十が自分と同じひとりぼっちに」だから「つぐないをしてうたれた」

Q

10　教材文を評価させるにはどのように発問すればよいのですか？

A　「結末の効果を考えましょう」と発問することで、作品を評価するようにしましょう。

発問①（結末の効果を問う）
「この作品の結末の効果を考えましょう」

6年『ヒロシマのうた』

わたし「結末にどんな効果があるのか考えよう」
・「汽車はするどい汽笛を鳴らして、上りにかかっていました」だから、ヒロ子ちゃんの未来を表しているのかな。

発問②（叙述のイメージを問う）
「『するどい汽笛』『上り』は何をイメージしているのでしょう」

わたし「行動の理由を考えて、人物像にせまろう」
・「するどい汽笛」はヒロ子ちゃんの強い決意を表しているね。
・「上り」だから、ヒロ子ちゃんの明るい未来を暗示している。
・主人公が戦争を乗り越えて強く生きるという主題の作品だな。

❶「この作品の結末の効果を考えましょう」と発問しましょう

作品の評価をするためには、結末の効果を考えることが効果的です。この単元では、結末が暗示していることを読み取ることで作品の主題に迫りましょう。

6年『ヒロシマのうた』の結末

「汽車はするどい汽笛を鳴らして、上りにかかっていました」

❷「『するどい汽笛』『上り』は何をイメージしているのでしょう」と発問しましょう

叙述を根拠にして結末が暗示していることを読み取ることで、作品を評価することができます。

「するどい汽笛」
ヒロ子ちゃんの強い決意を表している。

「上り」
ヒロ子ちゃんの明るい未来を暗示している。

↓

作品を評価する

主人公が戦争を乗り越えて強く生きるという主題の作品だな。

発問のポイント

×いきなり「この作品を評価しましょう」と発問する。
○結末の効果を問うことで、作品への評価を促す。

Q

11　発問と板書やノートはどのように連動させればよいのですか？

A　文章構成がわかる板書をすることで、学習の見通しがもてるノートづくりができます。

6年『イースター島にはなぜ森林がないのか』

発問（疑問を整理して文章構成を明らかにする）
「本文から見つけた疑問を整理して、学習の見通しをもとう」

子どもが文章構成のわかる板書を写すことで学習の見通しをもつ
これから「なぜどのように森林が失われたのか」という疑問を調べよう。

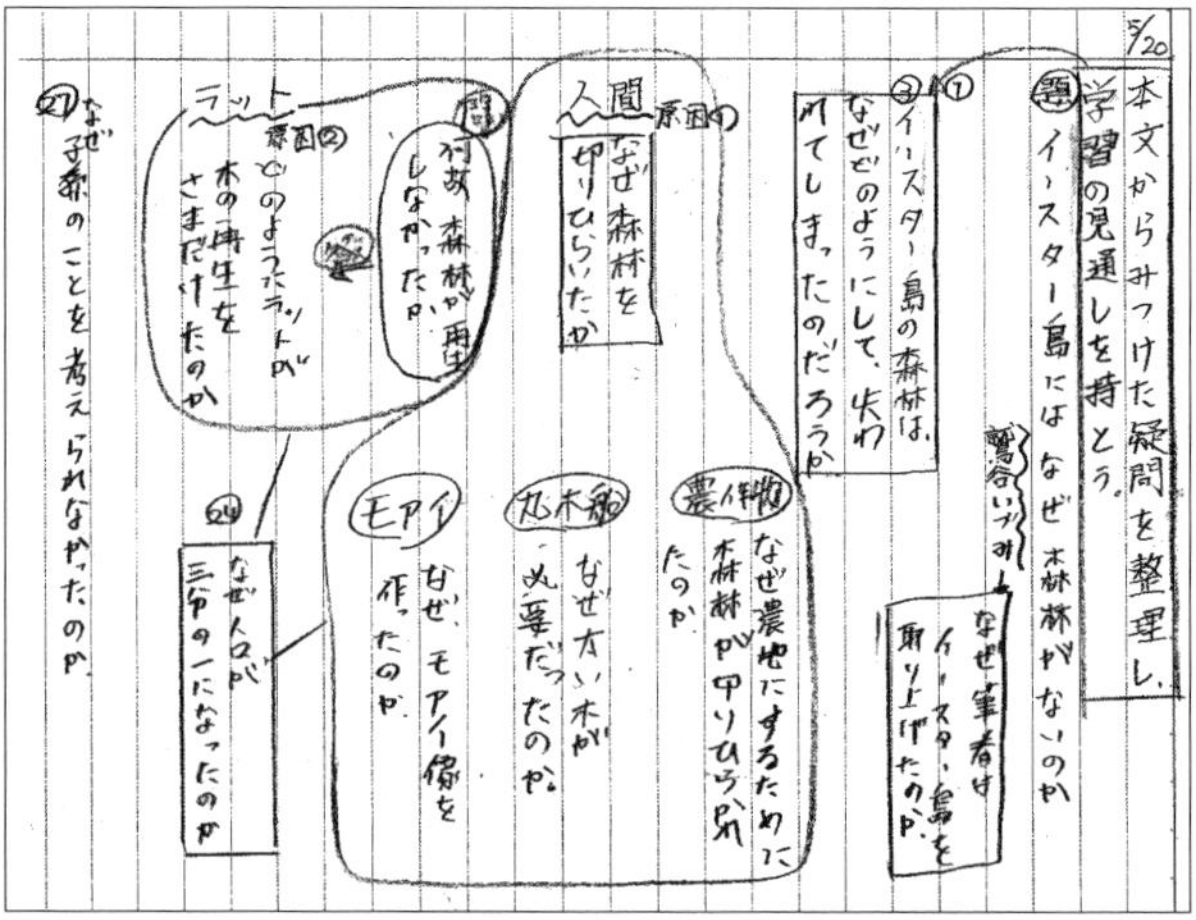

文章構成がわかる板書を写したノート例

❶「本文から見つけた疑問を整理して、学習の見通しをもとう」と発問しましょう

単元の前半には、これから自分が調べたい疑問を考える学習が有効です。しかし、疑問を考えるだけでは見通しをもった学習ができません。そこで、自分たちが考えた疑問を整理しながら文章構成を明らかにする板書が必要になります。その板書をノートに書き、考えさせることで、「これから文章のどの部分の疑問を調べるのか」の見通しをもって学習を進めることができます。

❷「疑問を整理して学ぶ学習を振り返りましょう」と指示しましょう

文章構成がわかるノートに沿って疑問調べをした後、その学び方を振り返る指示をしましょう。そうすることで、見通しをもって学習することの成果を意識化することができます。

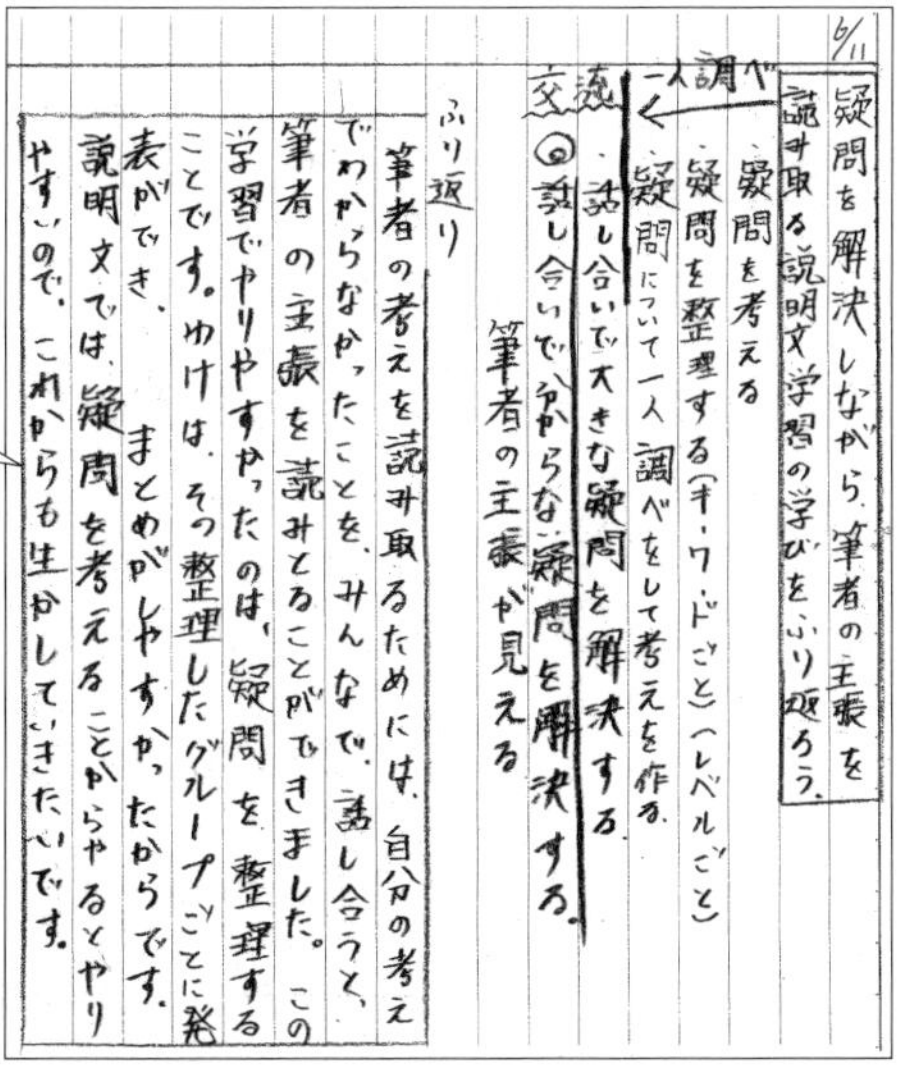
6/11
疑問を解決しながら、筆者の主張を
読み取る説明文学習の学びをふり返ろう。
調べ
・疑問を考える
・疑問を整理する(キ・ワ・ドごと)(レベルごと)
・疑問について一人調べをして考えを作る。
交流
・話し合いで大きな疑問を解決する
◎話し合いで分からない疑問を解決する。
筆者の主張が見える
ふり返り
筆者の考えを読み取るためには、自分の考えでわからなかったことを、みんなで話し合うと、筆者の主張を読みとることができました。この学習でやりやすかったのは、疑問を整理することです。わけは、その整理したグループごとに発表ができ、まとめがしやすかったからです。説明文では、疑問を考えることからやるとやりやすいので、これからも生かしていきたいです。

「板書で疑問を整理することで学習しやすかった」と振り返っている。

発問のポイント

×子どもの発言を順番に板書する。
○子どもの発言を整理して構造化した板書をする。

Q

12　人物を読む発問はどうすればよいのですか？

A　「この人物は、なぜこんな行動（発言）をしたのでしょうか？」と発問することで、人物像を深めるようにしましょう。

6年『海のいのち』

指示（根拠を問う）
「中心人物の行動に線を引きましょう」

↓

わたし「中心人物・太一の行動を見つけて線を引こう」
「もりの刃先を足の方にどけ」

↓

発問（行動の理由を問う）
「なぜ、太一はもりの刃先を足の方にどけたのかな？」

↓

わたし「行動の理由を考えて、人物像にせまろう」

- 「刃先をどける」ってことは、クエを殺すことをやめようとしたのかな
- クエがおとうと重なって見えたのかな

❶「中心人物の『行動』や『発言』に線を引きましょう」と指示しましょう

人物像を読み深めるための根拠となる叙述には「行動」「発言」「地の文」などがあります。まずは、読み取りの根拠となる文章に線を引く活動を指示しましょう。

> **中心人物・太一を読み取るための根拠となる叙述**
>
> 「もりの刃先を足の方にどけ」（行動）
> 「おとう、ここにおられたのですか。また、会いに来ますから。」（発言）
> 「こう思うことによって、太一は瀬の主を殺さないですんだのだ。」（地の文）

❷「この人物は、なぜこんな行動（発言）をしたのでしょうか」と発問しましょう

この発問をすることで、子どもの思考が次のように深まります。

思考の流れ ←

（太一がもりの刃先をクエからどけたのはなぜだろう）
（「どけた」ということは「殺さない」と決めたのかな）
（そう決めたのは、太一の心の中でクエがおとうと重なって見えたのかな）

発問のポイント

×「このときの気持ちは？」と発問し続ける。
○人物の行動や発言の理由を問うことで人物像にせまる。

Q

13　心情や心情の変化を読む発問はどうすればよいのですか？

A　「『設定』と『山場や結末』を比べて、中心人物の心情が『なぜ』『どのように』変わりましたか？」と発問しましょう。

4年『ごんぎつね』

発問①（設定を確認する）
「ごんはどんなきつねですか。設定から考えましょう。」

⇒

わたし「設定のごんを考えよう」
・いたずらばかりしている
・ひとりぼっちの小ぎつね

↓

発問②（変化の内容を問う）
「設定と比べて、ごんはどのように変化していますか」

⇒

わたし「設定と、山場や結末との変化を考えよう」
・ごんが兵十へつぐないをしようとしている。

↓

発問③（変化の理由を問う）
「なぜ、ごんはつぐないをするようになったのですか」

⇒

わたし「変化の理由を探そう」
・いたずらをした後悔
・兵十もひとりぼっちになった

❶▼まず、「ごんは、どんなきつねですか。設定から考えましょう」と発問しましょう

文学的作品を読むときは、最初に人物がどのように設定されているかを確認することが基本です。そうすることで、その後本文を読むときに設定との変化を考えながら読み進めることができます。

❷▼次に、「設定と比べて、ごんはどのように変化していますか」と発問しましょう

設定との違いを問うことで、中心人物「ごん」が兵十へのつぐないの気持ちを持つように変化していることをとらえられます。

❸▼最後に、「なぜ、ごんはつぐないをするようになったのですか」と発問しましょう

変化の理由を問うことで、子どもは展開や山場から根拠となる本文を探し、

「あんないたずらしなけりゃよかった（後悔）」

「おれと同じ、ひとりぼっちの兵十か（共感）」といった叙述を見つけることができます。

さらに「ごんの心情がどのように変わったでしょう」と変化の内容を問うことで、つぐないをするようになったごんの心情を読み取ることができます。

発問のポイント

×一の場面から順番に心情を問う。

○「変化前」→「変化後」→「変化の理由」の順で心情の変化を問う。

Q

14　描写を読む発問はどうすればよいのですか？

A

「この情景描写は、誰のどんな心情を表していますか？」と発問することで、情景描写と心情のかかわりを考えるようにしましょう。

5年『大造じいさんとがん』

主発問①（情景描写と心情の関連に気付かせる）

「『東の空が真っ赤に燃えて、朝がきました』という描写は、誰のどんな心情を表していますか」

補助発問①（複数の文を関連付ける）

「まわりの本文と関連付けて考えよう」

補助発問②（言葉のイメージをふくらませる）

「『真っ赤に燃える』からイメージできるのはどんな心情ですか」

↓

わたし「情景描写から心情を読み取ろう」

　直前に大造じいさんが「さあ、いよいよ戦闘開始だ。」と言っているよ。「真っ赤に燃える」には熱い思いのイメージがあるから、この描写は大造じいさんの「今年こそがんをつかまえるぞ」というやる気を表しているのかな。

●「『東の空が真っ赤に燃えて、朝がきました』という情景描写は、誰のどんな心情を表していますか」と発問しましょう

文学的作品では、情景描写を通して人物の心情が表現されています。まず、この主発問によって、情景描写と人物の心情をつなぐ観点を子どもに与えましょう。

この主発問だけで、子どもが心情を追究できない場合は、以下の補助発問をしましょう。

補助発問①「まわりの本文と関連付けて考えよう」

この発問をすることで、情景描写の直前に大造じいさんが「さあ、いよいよ戦闘開始だ。」と発言していることに目を向けることができます。そうすることで、描写が大造じいさんの高ぶる心情を表していることに気付くことができます。

補助発問②「『真っ赤に燃える』からイメージできるのはどんな心情ですか」

さらに、「真っ赤に燃える」が「やる気に満ちた心情」とイメージが重なることからも、大造じいさんの心情を読み深めることができます。

発問のポイント

×どんな情景描写かを問う。
○情景描写を表す言葉からイメージできる心情を問う。

Q

15 人物の行動などを関連付けて読む発問はどうすればよいのですか？

A 「前の場面と変化したことは何ですか？」と発問することで、変化前後の叙述を関連付けて考えられるようにしましょう。

3年『サーカスのライオン』

「展開」の中心人物じんざの叙述を確認
じんざは、もうねむらないでまっていた。
じんざの体に力がこもった。

発問①（関連付けを促す）
「設定と比べて展開で変化したことは何ですか」

わたし「設定と展開の変化を探そう」
設定で「じんざは、年取っていた」「じんざはのそりと立ち上がる」って書いてあったから、展開ではやる気が高まっていると思います。

発問②（変化の理由を問う）
「なぜ、じんざの様子がこのように変化したのですか」

わたし「中心人物が変化した理由を探そう」
「それから男の子は、毎日やってきた」と、男の子と友達になってからだと思います。

❶「設定の場面と比べて変化したことは何ですか」と発問しましょう

二つの場面の変化を問うことで、子どもは複数の叙述を関連付けて主人公の変化を読み取ることができます。関連付ける力を身に付けた子どもは、いろいろな場面で深い読み取りができるようになります。

変化前（設定）の叙述

「じんざは、年取っていた」
「じんざはのそりと立ち上がる」

↓

変化後（展開）の叙述

「じんざは、もうねむらないでまっていた。」
「じんざの体に力がこもった。」

❷「なぜ、じんざの様子がこのように変化したのですか」と発問しましょう

この発問をすることで、子どもは変化した理由となる叙述を探します。変化した様子と変化の根拠を関連付けて考えるようになります。

変化の理由となる叙述

「ライオンがすきなのかね。」「うん、大すき」
「それから男の子は、毎日やってきた」

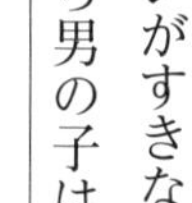
やる気がなくなっていた主人公のじんざが、自分のことが大好きな男の子と出会ったから、やる気が出てきたことがわかりました。

発問のポイント

×場面ごとに読みを問う。
○二つの場面を比べて変化したことを問う。

Q

16　想像を促したり、イメージを深めたりする発問はどうすればよいのですか？

A　「連ごとにどんな違いがありますか？」と発問することで、想像やイメージを深めるようにしましょう。

発問①（連の内容を問う）
「それぞれの連で作者は何がふしぎだと考えていますか」

4年・詩『ふしぎ』

わたし「それぞれの連の『ふしぎ』の内容を考えよう」
一・二連「黒い雲から銀の雨」「青いくわの葉食べるかいこが白い」という色の変化がふしぎ
三　連　「いじっていないのに開く夕顔」の動きがふしぎ
四　連　「あたりまえだ」という考えがふしぎ

発問②（各連の質の違いを問い、作者の意図を想像する）
「それぞれの『ふしぎ』にどんな違いがあるか考えよう」

わたし「それぞれの連の『ふしぎ』に違いがあるのかな」
- 一～三連は自然の色や動き、四連は人に対するふしぎに変わっている。
- 四連でふしぎの相手が変わっているのは作者のメッセージなのかな。

❶▼「それぞれの連で作者は何がふしぎだと考えていますか」と発問しましょう

詩の学習では、まず各連に書かれている内容を読み取ります。この詩では、それぞれの「ふしぎ」の内容を確認しましょう。

各連の「ふしぎ」の内容

一連「黒い雲から銀にひかる雨が降る」（色の違い）
二連「青いくわの葉を食べているかいこが白い」（色の違い）
三連「いじっていない夕顔がひとりで開く」（花の動き）
四連「だれもがそれを『あたりまえだ』という」（人の考え）

❷▼「それぞれの『ふしぎ』にどんな違いがあるか考えましょう」と発問しましょう

最終連で質が大きく変わる詩があります。その場合、各連を比べて質の違いを明らかにする問いが有効です。四連で「ふしぎ」の質が変化することを手掛かりにして作者のメッセージを考えましょう。

「ふしぎ」の質の変化 と **作者のメッセージ** を考える。
・自然についての「ふしぎ」が、人の考えについての「ふしぎ」に変化している。
・作者の金子みすずは「そんな『ふしぎ』に気付かない人々が『ふしぎ』」なのかな。

発問のポイント

×各連の内容だけを問う。
○最終連の変化を手掛かりにして、作者のメッセージを想像するように促す。

Q

17　メッセージ性を考える発問はどうすればよいのですか？

A　「作者はなぜこのような結末にしたのでしょうか？」と発問することで、作者の意図を考えるようにしましょう。

5年『注文の多い料理店』

主発問（結末の効果を問う）
「なぜ作者の宮沢賢治は『紙くずのようになった二人の紳士の顔が元のとおりになおらなかった』という結末にしたのだろう」

わたし「結末にはどんな効果があるのかな」
・「粗末にあつかった動物から反撃された」ということがわかります。

補助発問（言葉の意味を問う）
①「『紳士』は誰のことを表しているのかな」
②「『紙くずのようになった顔』に込められたメッセージは？」
③「『顔が元のとおりになおらなかった』ってどういうことかな」

わたし「作者はどんなメッセージを伝えたいのかな」
①→「紳士」は「自然環境を壊し続けている人」かな。
②→「悪いことをすると罰が当たる」というメッセージ
③→「人は自然破壊の生き方を反省していない」ということ

❶「なぜ作者の宮沢賢治は『紙くずのようになった二人の紳士の顔が元のとおりになおらなかった』という結末にしたのでしょう」と発問しましょう

「作者は何が言いたいのか」と直接問いかけても、作者の意図は読み取れません。結末の効果を問うことで、作者のメッセージに迫ります。よくわからない子どもには補助発問を用意しましょう。

「なぜ作者はこんな結末にしたのか」と問われてもよくわからない子どもに対して

補助発問①
「『紳士』は、誰のことを表しているのかな」
自然破壊をして動物に迷惑をかけている現代の人々

補助発問②
「その紳士が『紙くずのようになった顔』になったということは、どんなメッセージかな」
紳士のような行動を続ける人間には罰が与えられるというメッセージ

補助発問③
「では、『顔が元のとおりになおらなかった』ってどういうことかな」
人間はまだ自分たちの行いを反省せずに生活している。

発問のポイント

× 「作者がこの作品で伝えたいことは？」といきなり問う。
○結末の意味を問うことで作者のメッセージを考えるように促す。

Q

18　他の作品と関連付けて考える発問はどうすればよいのですか？

A　「作品の特徴に着目して、共通する作品を見つけましょう」と発問することで、作品の特徴をとらえる多読を促しましょう。

5年『注文の多い料理店』

指示（物語の特徴を問う）
「『注文の多い料理店』の特徴を見つけて、表にまとめましょう」

わたし「『注文の多い料理店』の特徴を見つけよう」
「自分勝手な人が罰を受ける」
「驚くような結末」
「『風』がしかけ」

発問（観点に沿った多読を促す）
「『注文の多い料理店』と特徴が共通する賢治童話はあるかな」

わたし「見つけた特徴が他の賢治作品にもあるか探してみよう」
・「自分勝手な主人公が罰を受ける」は『ツェねずみ』にも出てきたよ。
・「驚くような結末」は『どんぐりと山猫』と同じだね。
・『風の又三郎』も「風」がしかけになっているよ。

❶▼「『注文の多い料理店』の特徴を見つけて表にまとめましょう」と指示しましょう

童話の面白さを見つけて表にまとめる学習をします。その表は多読をするときの観点として活用することができます。

五年『注文の多い料理店』の特徴・一覧表	特徴が共通する賢治作品
○自分勝手な主人公が罰を受ける	『ツェねずみ』
○驚くような結末	『どんぐりと山猫』
○「風」がしかけになっている	『風の又三郎』
○自然の音の表現が面白い	『月夜のでんしんばしら』

❷▼「『注文の多い料理店』と特徴が共通する賢治童話を見つけましょう」と発問しましょう

同じ作家の作品を多読することで、読書生活が豊かになります。その際には、共通する特徴を見つけるという明確な観点を提示することが、読書活動の質を高めます。読解と読書の学習を効果的につなぐためには、共通する特徴にかかわる観点を明確にして学習を進めることが大切です。

発問のポイント

×「たくさん本を読みましょう。」と読書量だけを求める。

○「特徴が共通する」と観点を明確にした多読によって読書の質も求める。

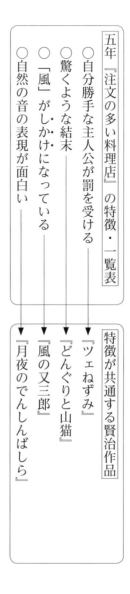

Q

19 要約したり文章構成をとらえたりする発問はどうすればよいのですか？

A 「まとまりを考えて、内容を短くまとめましょう」と発問することで、文章構成をとらえるようにしましょう。

発問（まとまりごとの要約を促す）

「まとまりを考えて、『○○訓練』と訓練の内容を短くまとめましょう」

3年
『もうどう犬の訓練』

わたし「訓練の内容を要約して書き出そう」

・人間の言うことにしたがう訓練
・命令の言葉をおぼえる訓練
・ウエイトの訓練
・人を安全にみちびく訓練
・「ゴー」と言われても、前に進まない訓練
・おこったり、ほえたりしない訓練

指示（分類を促す）

「似ている訓練ごとにまとめましょう」

わたし「訓練をまとまりごとに分けよう」

・人間の言うことにしたがう訓練
・人を安全にみちびく訓練
・心がまえを身につける訓練
・仕上げの訓練

❶▼「『○○訓練』と、それぞれの訓練の内容をまとめましょう。」と発問しましょう

本文を読んで「○○をする訓練」「○○をしない訓練」という形式でまとめる学習をします。このように本文を要約することで、どのような訓練があるのかを把握することができます。

3年『もうどう犬の訓練』の訓練内容

・人間の言うことにしたがう訓練
・命令の言葉をおぼえる訓練
・ウエイトの訓練
・人を安全にみちびく訓練
・あぶないものをよける訓練
・「ゴー」と言われても前に進まない訓練
・心がまえを身につける訓練
・おこったり、ほえたりしない訓練
・使う人と生活し、町を歩く訓練

↓ 訓練を分類することで、文章構成をとらえる

①人間の言うことにしたがう訓練
・命令の言葉のとおりにする訓練
・ウエイトの訓練

②人を安全にみちびく訓練
・あぶないものをよける訓練
・「ゴー」と言われても、前に進まない訓練

③心がまえを身につける訓練
・おこったり、ほえたりしない訓練
・ほかの犬を気にしない訓練

④仕上げの訓練
・使う人といっしょに町を歩く訓練

❷▼「似ている訓練ごとにまとめましょう」と指示しましょう

それぞれの訓練を分類することで、文章構成をとらえることができます。

発問のポイント

×段落ごとの要約だけを指示する。
○「要約→分類」を指示することで、文章構成を明らかにする。

Q

20　表現の工夫や効果を読む発問はどうすればよいのですか？

A　「問いに対する答えはどの段落にありますか？」と発問することで、まとまりをとらえるようにしましょう。

4年『ヤドカリとイソギンチャク』

発問①（問いを確認する）
「問いになっている段落を見つけましょう」

→

子どもが問いの段落を見つける
①なぜ、ヤドカリは、いくつもの～
②では、ヤドカリは、どうやって～
③では、イソギンチャクは～

↓

発問②（答え探しを促す）
「問いに対する答えはどの段落にありますか」

→

子どもが答えの段落を見つける
①の答え→実験の段落
②の答え→観察の段落
③の答え→説明の段落

↓

発問③（表現の効果を問う）
「まとまりの順序を変えてもよいですか」

→

子どもが表現の効果を考える
・いきなり「②どうやって」の段落が来ると、意味がわからないな

❶▼まず、「問いになっている段落を見つけましょう」と指示しましょう

この説明文が「問いと答え」のまとまりによって成り立っていることを明らかにするために、問いの段落を確認しましょう。

❷▼次に、「問いに対する答えはどの段落にありますか」と発問しましょう

それぞれの問いに対する答えの段落を探すことで、「問いと答え」のまとまりを見つけられます。

（問い）なぜ、ヤドカリは、いくつものイソギンチャクを貝がらにつけているのでしょうか。
（答え）このことを調べるために、次のような実験を～

⇩

（問い）なぜ、ヤドカリは、石についたイソギンチャクを、どうやって自分の貝がらにうつすのでしょうか。
（答え）カナダのロス博士は、水そうで観察～

⇩

（問い）では、イソギンチャクは、ヤドカリの貝がらにつくことで、何か利益があるのでしょうか。
（答え）ヤドカリについていれば、いろいろな場所に移動～

❸▼最後に、「まとまりの順序を変えてもよいですか」と発問しましょう

この発問によって、本文の問いの順序によって要旨が伝わることを確認できます。

発問のポイント

×「筆者の工夫を見つけましょう」といきなり問う。

○「問いと答え」のまとまりを見つけてから、その順序の妥当性を問う。

Q

21　表現や論理を吟味したり評価したりする発問はどうすればよいのですか？

A　「3つの具体例の順序を変えてもよいですか？」と発問することで、例の挙げ方の妥当性を確かめましょう。

5年『動物の体と気候』

指示（文章構成を問う）
「文章を5つのまとまりに分けて、短い文章で表しましょう」

⇒

子どもが5つのまとまりに分ける

序　論	・・・環境に適応する動物
本論①	・・・表面積と気候
本論②	・・・体格と気候
本論③	・・・毛皮と気候
結　論	・・・動物の体は最高傑作

発問（文章構成の妥当性を問う）
「なぜ、筆者は3つの具体例をこの順序で説明しているのでしょうか」

わたし「具体例の順序はこれでいいのかな」
・「毛皮」の例が先にあると、意味が伝わらないな。
・見た目ですぐに分かる「表面積」「体格」の後に、見た目は同じ「毛皮」の役割の違いを説明しているのかな。

❶▼「文章を五つのまとまりに分けて、短い文章で表しましょう」と指示しましょう

文章をまとまりに分けて、文章構成を考える活動は説明文学習の基本です。その際にそれぞれのまとまりをキーワードで表しておくと、文章構成を考えやすくなります。

五年『動物の体と気候』の文章構成

序論	それぞれの環境に適応して生きる動物たち
本論①	体の表面積と気候の関係
本論②	体格と気候の関係
本論③	気候による毛皮の役割の違い
結論	動物の体は自然が作りあげた最高のけっさく

・「表面積」「体格」の例は見た目でわかりやすいな。

・「毛皮」の例は、見た目ではわからない役割の違いが説明されているよ。

⇩

・そうか！見た目でわかる「表面積」「体格」の後に、見た目ではわからない「毛皮」の役割の違いを説明しているのか。

←子どもの思考の流れ

❷▼「なぜ、筆者は三つの具体例をこの順序で説明しているのでしょうか」と発問しましょう

この発問をすることで、子どもは具体例の順序の妥当性を考えるようになります。したがって、筆者の述べ方の工夫を考え、評価する学習活動が可能になります。

発問のポイント

×文章構成だけを問う。
○文章構成の効果を問う。

Q

22　情報を吟味したり評価したりする発問はどうすればよいのですか？

A　「伝えたいことを伝えるために必要な情報を探しましょう」と発問することで、情報を吟味しましょう。

指示（観点を明らかにする）
「説明文を読んで、町づくりについて調べるための観点を話し合おう」

6年『町の幸福論』

↓

わたし「どんな観点で情報を集めようかな」
・自分の町にはどんな課題があるか。
・人のつながりを生み出す取り組みはあるか。

↓

指示（情報の整理を促す）
「集めた情報を観点ごとに整理してプレゼンテーション資料を作ろう」

↓

わたし「プレゼンに必要な情報はどれかな」
課題・・・・・公園の利用者が少ない
取り組み・・・地域グループの活動
未来の姿・・・地域住民がつながりを感じられる町

❶「町づくりについて調べる観点を確認して、情報を集めましょう」と発問しましょう

この単元では、「これからの町づくり」をテーマとしたプレゼンテーションに取り組みます。説得力のある提案をするために、説明文から情報集めの観点を見つけておくことが重要です。

説得力のある提案を支える情報の観点
・自分の町にはどんな課題があるか。
・自分の町には人のつながりを生み出す取り組みはあるか。
・これから自分の町をどのような町にしていきたいか。

❷「必要な情報を観点ごとに整理してプレゼンテーション資料を作ろう」と指示しましょう

この発問をすることで、集めた情報を吟味・分類します。「説得力のある提案を支える情報か」という基準に沿わない情報は落とし、必要な情報を活用してプレゼンテーション資料を作成しましょう。

未来の町について
⇩
現在の課題
⇩
取り組みの具体例①
⇩
わたしたちの提案

発問のポイント

×情報集めだけを指示する。
○観点に沿って集めた情報の吟味・整理を促す。

Q

23 情報を関連付けて考える発問はどうすればよいのですか？

A 「筆者は結論でこの要旨を伝えるために、本論でどんな情報を示していますか？」と発問することで、複数の情報を関連付けるようにしましょう。

発問（要旨を問う）
「結論の段落を読んで大事な言葉を探しましょう」

6年『イースター島にはなぜ森林がないのか』

わたし「結論から大事そうな言葉を見つけよう」
「子孫に深く思いをめぐらす文化を早急に築けるか」

指示（複数の言葉の関連付けを促す）
「『早急に文化を築こう』という要旨につながる文章を本論から見つけよう」

わたし「本論から要旨と関連する文章を探そう」
「三万年もの間保たれてきた森林は、わずか千二百年ほどで～」と書いてありました。だから、「崩れるとあっという間に森林破壊されるから、新しい文化をすぐに築くべきだ」と伝えているのだとわかりました。

❶▼「結論の段落を読んで大事な言葉を探しましょう」と発問しましょう

説明文では結論に要旨がまとめられています。本論では結論を支える根拠となる情報が示されています。したがって、結論の要旨を確認してから、要旨を支える言葉を本論から探す学習活動が有効です。

6年『イースター島にはなぜ森林がないのか』の結論

今後の人類の存続は、むしろ、子孫に深く思いをめぐらす文化を早急に築けるかどうかにかかっているのではないだろうか。

「すぐに新しい文化を築くべきだ」ということを伝えるために「早急に」って言葉を使っているのかな。

❷▼「『早急に』という言葉につながる文章を筆者は本論に示していますか」と発問しましょう

結論の文章のなかでも特に要旨にかかわる言葉を見つけたら、その言葉とつながる文を本論などから探します。そうすることで、複数の叙述を関連付けて筆者の伝えたい危機意識を読み取ることができます。

「三万年もの間保たれてきたヤシ類の森林は、人間による森林破壊と、人間がもちこんだラットがもたらした生態系へのえいきょうによって、ポリネシア人の上陸後わずか千二百年ほどで、ほぼ完ぺきに破壊されてしまったのである」と「早急に」を関連付けて要旨を読み深める。

発問のポイント

×結論だけを読んで要旨を問う。

○複数の叙述を関連付ける発問によって、要旨の読みを促す。

Q

24　テキストを書き換えて情報活用を促す発問はどうすればよいのですか？

A　「２つの説明の仕方は、どこが違うのでしょう」と発問することで、目的意図による表現の違いを見つけるようにしましょう。

発問（表現の違いを問う）
「２つの説明の仕方は、どこが違うのでしょう」

２年『ふろしきは、どんなぬの』

わたし「２つの文はどこが違うかな」
文章・・・字が多い。くわしく説明している。
カード・・字が少ない。パッと見てよさが伝わる。

指示（テキストの書き換えを促す）
「次の文章を、パッと見てわかるカードに書き換えましょう」

わたし「文章の一部を選んでカードに書き換えよう」
まほうのかばん　ランドセル
・いろいろな形や大きさの教科書やノートを入れてはこべます。
・からだが大きくなってもつかうことができます。
・ながいあいだつかうことができます。

❶「二つの説明の仕方は、どこが違うのでしょう」と発問しましょう

「詳しく伝える」「パッと見て伝わる」というように、目的意図に応じてテキストの表現方法は異なります。まずは、説明文とカードそれぞれの表現形式の特徴を明らかにしましょう。

（文章）まほうのぬの「ふろしき」

　ふろしきは、日本でむかしからつかわれている、四角いぬのです。
　ふろしきは、いろいろな形や大きさのものをつつんではこぶことができます。丸くて大きなすいかも、四角いはこも、細長いびんも～

字が多い。詳しく説明している。

文章の一部を抜き出してカードにする

（カード）べんりなふろしき

○いろいろな形や大きさのものをつつんではこべます。
○どこにでももちあるけます。
○くりかえしつかえます。

字が少ない。パッと見てわかる。

❷「ランドセルの文章を、パッと見てわかるカードに書き換えましょう」と発問しましょう

次に、ふろしきの例を参考にして、ランドセルの文章の一部を書き抜いてカードを作るように指示します。

（カード）まほうのかばん　ランドセル

・いろいろな形や大きさの教科書やノートを入れてはこべます。
・からだが大きくなってもつかうことができます。
・ながいあいだつかうことができます。

発問のポイント

×テキストの違いを問うだけ。
○テキストの違いをもとに文の書き換えを促す。

Q

25 疑問をもち、調べる探究的な学習を促す発問はどうすればよいのですか？

A 比較の観点を見つけた後、「観点に沿って調べたいテーマの情報を見つけましょう」と発問することで、調べ学習を促しましょう。

発問（比較の観点見つけを促す）
「筆者は、比べて述べる言葉をどのように使っていますか」

４年『くらしの中の和と洋』

わたし「筆者はどんなふうに比べているのかな」
・部屋ですごすときのことを考えてみましょう。（観点）
・Ａは～。それに対してＢは～。（比較）
・それぞれどんなよさがあるのでしょうか。（特徴）

指示（観点に沿った情報を集めるように促す）
「観点に沿って比較できる『和と洋』の情報を集めましょう」

わたし「観点に沿って情報を集めて説明文を書こう」
わたしは「ご飯とパン」について、「栄養」「食べ方」「味」の観点から情報を調べました。これから、筆者の述べ方の工夫を使って説明文を書きます。

❶「筆者は、比べて述べる言葉をどのように使っていますか」と発問しましょう

説明文学習の単元では「集めた情報をもとに、筆者の述べ方を生かして説明文を書く」という学習があります。まずは、筆者の述べ方を見つけるための発問をします。

四年『くらしの中の和と洋』の筆者の述べ方の工夫
・まず、部屋の中ですごすときのことを考えてみましょう。（観点の提示）
・Aは〜。それに対してBは（比較）
・それぞれどんなよさがあるのでしょうか。（特徴の説明）

❷「観点に沿って『和と洋』の情報を集めて、説明文を書きましょう」と指示しましょう

探究的活動をするときには、目的や観点を明確にしてから情報を集めることが大切です。単なる調べ学習では国語の学習になりません。比較して和と洋の特徴が明らかになりやすい話題を取り上げて探求を促すことが大切です。それによって比較するという思考操作の効果も実感されやすくなります。

比較して和と洋の特徴をはっきりさせる
・住まいのことについて、部屋のほかに和と洋でちがうものやことはないでしょうか。（話題を広げる）
・衣や食のことについて和と洋でちがうものやことを考えてみよう。（さらに話題を広げる）
・調べやすさや自分の体験などが多いものを取りあげるようにしましょう。（選択の条件の提示）

発問のポイント

×情報集めだけを指示する。
○比較の観点に沿って情報を集めるように促す。

❸「調べるときには、『ご飯（お米）』と『パン』の何について調べればよいのですか。」と発問しましょう

話題が決まっても、その話題の何を調べるかがまだ明確ではありません。このまま調べる活動に移ると、情報の多さに混乱しますし、また効果的に調べる方法について学ぶことにもなりません。そこで、調べる前に話題を分析して、取り上げる観点や文脈を考えさせるようにすることが大切です。

> 取り上げる話題（例　主食となる食べ物「ご飯（お米）」と「パン」について）
> 「ご飯」と「パン」について調べるといっても、それらの何について調べるのですか。
> 例えば、材料とか食べ方とか、何について調べますか。（観点や文脈の例を示す）
> それぞれの長所や短所も考えてみましょう。（分析や解釈を促す）

❹「調べるためにはどのような調べ方をすればよいのでしょうか。」と発問しましょう

情報を調べるためには、効率よく適切に調べることが大切になります。それを意識して行うようにするために、調べ方自体を問いかける必要があります。そして、図書館の利用、事典類の活用、調べるためのキーワード探し、効果的な読み方などについて気付かせることが大切です。

> 食事の食べ方について調べるためには、どのように資料を調べればよいのですか。
> 事典を使うときには、すばやく調べるにはどうすればよいのですか。
> インターネット検索はキーワードが大切ですが、皆さんはどんなキーワードで調べますか。

Ⅲ章

学習者を生かす発問

1 発問―応答のシステム

（1）教師の言葉―語ること、発問すること、指示すること、助言すること

学びは、問いから始まります。

「なぜ?」「なに?」「どうして?」「どうしよう?」「どうしたらできるの?」……そんな問いの解決への希求が、学習者である子どもたちの目的となり、その目的が学びへの原動力となります。当然、問いに対する切実感や必要感が高ければ高いほど、学びへの原動力も高まります。

だから、教師は学習者である子どもたちの中に質の高い問いを生もうと腐心するのです。

その行為を、授業用語で「発問」と私たち教師は言います。

狭義では、「なぜ大きなかぶは抜けたのですか?」「『あまいあまいかぶになれ。』の繰り返される『あまい』はどちらを大きく読みますか?」というように、疑問型の発話を「発問」ととらえます。そして、授業に当たっては、「発問」づくりに苦慮します。

しかし、そのような狭義の「発問」に固執してしまうと、問われることだけを待つ受動的な学習者

を生みかねません。問いは、いつも教師が与えてくれると思い込んでしまいます。

今求められている学力観に対応するためには、いつまでも教師からの問いを待つのではなく、自ら問うことのできる主体的な学習者に育てる必要があります。

そこで、もっと広く発問をとらえることが大切です。

疑問型の発話の形態をとらなくても、学習者である子どもたちの中に問いが生まれることはたくさんあります。

六年生の宮沢賢治「やまなし」の単元で、複数の絵本を子どもたちに黙って提示しました（詳しい実践の概要は後述）。テキストは共通ですが、絵は絵本作家によって異なります。すると、教師が「発問」を発しなくても、子どもたちはそれぞれの絵本の検討を始めます。それぞれの絵本を並べては、「この絵がこの文に一番合っているね」などと自然と比較しながら読み始めるのです。このように、学習材の提示が発問の機能としてはたらき、子どもたちから問いを生むことがあります。

「ごんぎつね」の〈ごんは、ぐったりと目をつぶったまま、うなずきました。〉の一文を音読させました。ある子は、哀しみをこめてデクレッシェンドで音読しました。すると、ある子が「ぼくは、もっと嬉しそうに読みたいな。だって、漸くわかり合えたんだよ」と…。このように、音読という指示が発問として機能し、子どもたちから問いを生むこともあります。

学習材提示や指示だけではなく、教師の語りや助言などのすべての教師の言動が、発問として機能するのです。優れた教師ほど、疑問型の発話としての「発問」に固執せず、子どもたちから問いが生まれるように意図的・計画的に教師の言動をコーディネートしています。

肝心なのは、問われる学習者から問う学習者へどうしたら転換できるかを意識して、発問を考えることです。

(2) 効果的な発問と話し合い

教師の発問による豊かな話し合いが，授業の基本となります。教師がよい問いを生めなければ、子どもたちがよい問いを生めるはずがありません。教師のよい発問が、子どもたちの問いのモデルにもなります。よい発問は、次の条件を満たします。

①知的好奇心を喚起する
②全員を参加させる
③考えが適度に分かれる
④論点がはっきりしている
⑤変容や向上が自覚できる

まずは、「考えたい」「もっと読みたい」「話し合いたい」というように、子どもたちを能動的にしなければなりません。そのためには、子どもたちの知的好奇心を喚起する必要があります。当たり前だと思っていたことが当たり前でなかった。わかっていたと思っていたことがわかっていなかった。

そんな知的平衡感覚が揺さぶられたとき、子どもたちの追究心に火が付きます。できそうでできない、そんな背伸びすれば届きそうな課題にも、子どもたちは追究の手を伸ばします。

学級の子どもたちが一人残らず自分の考えがもてるようにします。自分の考えがもてなければ、傍観者で終わってしまいます。自分の考えがあるから、その正誤・適否・良悪が気になり、他者の考えにも耳を傾けるのです。このような工夫をすると全員の参加を促すことができます。

●二者択一型の発問…「Aですか？Bですか？」「どちらを選びますか？」
●選択型の発問…「1から6のどれですか？」「作品の主題を表している一文はどれか？」
●集約型の発問…「自分の考えを一言で書きなさい」「この作品の主題を熟語で表すと？」

発問に対する反応が皆同じなら、話し合うまでもありません。わかりきったことだからです。適度に考えが分かれるから、自分の考えの正誤・適否・良悪が気になるのです。だから、前述の工夫ように全員が考えをもてると同時に、考えが適度に分かれるような発問をするのです。そして、それぞれの考えを板書などで整理し、その分布が鮮明になるように心懸けます。

分かれた意見を巡っての話し合いでは、論点の明確さが肝となります。二者択一になると、話し合いが盛り上がるのは、論点が最も明確だからです。だから、論点が明確になるように発問を工夫します。意見が分かれすぎたときは、分類したり明らかな誤答を削除したりして、論点を整理するのが教師の大切な仕事となります。

そして、発問を巡って話し合った結果、「できた」「わかった」「なるほど」と変容や向上を実感できることが大切です。教師の発問や自らの問いを追究することで、変容できたり向上できたりするから、次の学びが楽しみになるのです。発問を巡って話し合わせるからには、教師は「できた」「わかった」「なるほど」と子どもたちが変容や向上を実感できるように発問を工夫しなければなりません。

このような効果的な発問によって豊かな話し合いを数多く経験すればするほど、問いを追究する喜びを知ります。それが問われる学習者から問う学習者への基盤となります。

(3) 情報や考えを共有させる発問

次に、授業のプロセスに応じて、どのように発問を機能させるべきか考えましょう。

単元や授業の冒頭では、個々の情報や考えを共有させる発問が中心となります。

情報や考えが共有されないと、子どもたちは同じ土俵に立てません。情報の質や量が異なり優劣の差が開いたり、考えの方向や願いの深浅が異なって意欲に差が開いたりしては、質の高い学習は期待できないからです。

学習材と子どもたちをどう出合わせているでしょうか。いわゆる初読の方法です。

教師が淡々と読み聞かせる教室があります。教科書会社の指導書に付いているＣＤを聞かせる教室もあります。たどたどしくてもいきなり子どもたちに音読させる教室もあります。そして、そのような一読の後で、初発の感想を書かせる教室が多いでしょう。

　しかし、先生方の教室の子どもたちは、一読しただけで何割の子が内容を理解できるでしょうか。講演などの席で参加した先生方に伺うと、どんなに優秀な学級でも五割、大方の教室が三割程度と返ってきます。と言うことは、半数以上の子が、よくわからないままに初発の感想を書かされていることになります。このような浅い感想しかもたない状態で話し合っても、深まるはずはありません。

「『大造じいさんとがん』と先生が読んだのを聞いた子が、『大造じいさんががん』と聞き誤って〈大変だ！どんな癌になってしまったのかな？〉などと考えていたら物語がどんどん先に進んでしまった……。なんて子もいますよね。」などとその講演の席で話すと先生方は笑いますが、実際にそのような子が教室にはいるのです。

　だから、学習材と出合わせるにあたっては、情報を共有するための発問が必要です。知らないことや読み誤りそうなことについて、正しい情報を与え、理解を促す必要があります。読解力の低い子の「先生、この物語面白いね！はやく勉強しようよ！」というような反応が初読後の理想像です。

　先の例で言えば、「雁って知ってる？」と発問し、もっている情報を引き出し、「そうだね、教科書の絵のような鳥だね。羽を広げるとみんなと同じくらいの大きさになるそうです。」と情報を共有するのです。これで、先のような誤読は回避できます。確かなイメージも共有できます。

　このように、学習材との出合いにあたっては、情報が共有できるような発問を重ね、どの子も同じスタート位置に立てるようにすることが大切です。「学習の入り口は平易に」が原則です。

単元を貫く言語活動（例えば「椋鳩十作品をリーフレットで紹介しよう」）と子どもたちをどう出合わせているでしょうか。

教師からのトップダウンの出合いでは、能動的な学習者への成長は期待できません。子どもたちから言語活動がボトムアップされるように願いや考えを共有させた出合いが大切です。

子どもたちが「やってみたい！」「面白そう！」と興味を示すようなモデルの提示も一興です。教師のリーフレットモデルや紹介モデルに魅了された子どもたちは、「自分たちも同じようなリーフレットを作って、椋鳩十を紹介してみたい！」と口々に言い出します。このモデル提示も、「やってみよう！どうしたらできるかな？」という問いを生む広義の発問と言えます。モデルによって、願いが共有されるのです。

また、「リーフレットを作って紹介したとき、どんな感想がもらえたら嬉しいかな？」という評価を意識させる発問も一興です。「綺麗なリーフレットだね」という評価を期待する子は、リーフレットのレイアウトやデザインに関心が高い子です。「その作品が読みたくなりました」という評価を期待する子は、見た目より紹介の内容に重きをおく子です。このままでは、ねらいに応じた効率的な学習は望めません。だから、評価を巡って話し合うことで、言語活動のゴールイメージが一致します。評価を問うことで、考えが共有されるのです。

単元や授業の冒頭では、学習者のレディネスを揃えるため、情報や考えを共有する発問を有効に活用します。

（4）考えや意見を深化させる発問

単元や授業が展開していくと、考えや意見を深化させる発問が中心になります。子どもたち同士の話し合いでは、限界があります。学習が停滞したり、質的な向上が期待できなくなったりすることがあります。そんな時、学習活動を活性化させる有効な手立てが発問なのです。考えや意見を深化させる発問の良否は、教師の教材研究の質に規定されます。また、考えや意見を深化させる発問の良否は、児童理解の質に規定されます。

一年生でのアーノルド＝ローベル「お手がみ」の学習のことです。

冒頭の哀しい気分で二人で玄関に座っている絵を黒板の右に、終末のしあわせな気分で二人で玄関に座っている絵を黒板の左に貼りました。「かえるくんとがまくんの顔が違うよ」「手も違うよ。後の方は肩を組んで仲良さそうだね」「最初は〈かなしい気分〉、後は〈しあわせな気持ち〉だよね」と、口々に気づきが出されます。比較対象が明確だと、一年生でも問われなくても自ら問い出します。

最初の場面は〈二人とも、かなしい気分でげんかんのまえにこしをおろしていました。〉、後半の場面は〈二人とも、しあわせな気もちでげんかんのまえにこしをおろしていました。〉と対比された文であることを束ね、「どうして〈かなしい気分〉から〈しあわせな気持ち〉に変わったのかな？」と問いました。子どもたちは、得意そうに言います。「手紙をもらったからです」と。これが一年生の限界です。そこで、更に問いました。「がまくんも、かえるくんも手紙をもらったの？」と。すると、ハッとしたように「手紙をもらったのは、がまくん」「かえるくんは、手紙をあげた」と。そこで、いよいよ読みを深化させることをねらって、次の揺さぶる発問を投げかけました。

手紙をあげたかえるくんが〈しわせな気持ち〉になったのはなぜですか？

手紙をもらったがまくんが〈しあわせな気持ち〉になるのは、一年生でも容易に理解できます。初めて手紙をもらったからです。でも、なぜかえるくんは〈しあわせな気持ち〉になるのでしょう。それは、一年生には難しいからこそあえて問う価値があるのです。何度かペア対話を繰り返す内に、子どもたちは気付きました。「がまくんが〈しあわせな気持ち〉になったから、かえるくんも〈しあわせな気持ち〉になったと思います」と。そうなのです、かえるくんは自分の幸福よりも、友だちの幸福を願っているのです。利己でなく利他の優しさをもっているのです。それに気付いた子どもたちは、「かえるくんってすごく優しいね」と言いだします。中には、「最初も、がまくんが〈かなしい気分〉だから、かえるくんも〈かなしい気分〉になっちゃたんだね」「妹が泣いていると、ぼくまで泣きたくなるよ」と言う子もいて、読みの深まりを実感できました。

三年生での齋藤隆介「モチモチの木」の学習です。齋藤隆介の作品をフライヤー（映画のチラシ）にまとめて交流するというゴールのもと、「モチモチの木」を共通学習材として読んでいきました。

「モチモチの木」の主題をとらえるために、フライヤーに次の要素を加えました。

「モチモチの木」の作品の中で作品の心を表している一文を引用する

子どもたちは、作品を読み返し、作品の心を集約する一文探しに没頭しました。各自の一文が決まったら、短冊に書き写し、各場面の絵の下に貼っていきました。予想以上に分かれて多様な一文が選択されたので、子どもたちも驚きました。なぜその一文を選んだのか、発表させました。

「わたしは、〈自分で自分を弱虫だなんて思うな。〉を選びました。勇気を出せば何でもできたから、豆太はモチモチの木の灯を見られたと思うからです。その勇気が作品の心だと思います。」

「ぼくは、〈「モチモチの木に、灯がついている！」〉を選びました。この一文がこの作品のクライマックスだからです。じさまの命を救おうという豆太の優しさを伝えたかったのだと思います。」

「わたしは、〈人間、やさしささえあれば、やらなきゃならねえことは、きっとやるもんだ。〉にしました。この作品は、このことを読者に伝えたいと思ったからです」

この学習の振り返りで、次のような考えが出されました。

「大切な一文だけを探すのが面白かったです。これから本を読むときも、一文探しをしながら読もうと思います。そうすると、作品の心が考えやすくなります。」

「みんなそれぞれの理由でいろいろな一文が選ばれるので、面白かったです。でも、多くの一文が作品の最後の方に集まっていて、やっぱり作者が伝えたいことは最後の方にあると思いました。」

読み方や作品の構造にまで気付く振り返りが出され、認識の変化を実感しました。

問われる学習者から問う学習者へと育てていくためには、教師の良質な発問に多く出合わせることが肝要です。また、「一文探し」のように自己の読書生活に生かせる問いを獲得させることも大切です。よい発問による豊かな学びを経験するほど、よい問いが生める子になっていくのです。

だから、教師は、よい発問づくりのための努力が必要なのです。

(5) 問われる学習者から問う学習者へ―学習者の問いを生かす授業づくり

なぜ、教師は発問をするのでしょう。

究極的には、教師が不要になり、自分自身で問いを見つけ自力で追究できる子を育てるためです。

つまり、問われる学習者から問う学習者への転換を最終の目的として、教師は発問をするのです。

そのために、子どもたちの中から問いが生まれたり、子どもたちの中に問いが根付くような学習を重ねる必要があります。

宮沢賢治「やまなし」の単元の冒頭で、次の四冊の絵本を子どもたちに提示しました。

①川上 和生『ミキハウスの絵本　やまなし』三起商行・二〇〇六年
②小林 敏也『画本宮澤賢治　やまなし』好学社・二〇一三年

③遠山　繁年『日本の童話名作選　やまなし』偕成社・一九八七年
④末崎　茂樹『チャイルド絵本館―日本の名作　やまなし』・一九九九年

どれもテキストは宮沢賢治によるものです。しかし、絵本作家によってその絵の表現は、面白いほど異なります。発問や指示をしなくても、絵本を並べるだけで、「あの本の感じがいいね」などと比べ出します。各班に一冊ずつ絵本を用意して、じっくり読ませました。四冊読めば、「やまなし」のテキストを四度は読むことになります。読み込むほど、「わたしはこの絵本が一番イメージに合ってるな」「そうかな？ぼくはこっちの方が〈十二月〉の幸せそうな感じが伝わってくるよ」と更に追究は深まります。問わなくても、子どもたち自身が問いだすのです。

そこで、子どもたちにこの四冊の絵本を使ってどんな学習をしたいかを尋ね、子どもたちの問いを束ねました。

もし宮沢賢治さんが生きていたら、どの絵本を一番にするだろうか？

その問いの解決のために、子どもたちは、次の視点で絵本を比べ読みする学習計画を立てました。

●舞台となった谷川の比較
●かにの親子の比較
●〈五月〉の世界の比較

●〈十二月〉の世界の比較

実際、子どもたちはこんな話し合いを展開しました。谷川の比較の一幕です。

「〈小さな谷川〉って書いてあるけど、それは人間から見てでしょ。かには小さいから、結構深いと思うよ。だから、小林敏也さんの絵本がいいと思ったよ。」

「そうだね。遠山繁敏さんの絵本は、〈十二月〉の幸せそうなときはいいけど、〈青く暗く鋼のように見えます〉って感じじゃないね。」

「〈青く暗く鋼〉の感じなら、やっぱり小林敏也さんの絵本だね。鉄の柱みたいのも感じ出てるよね。」

このように比較の対象に出合うと、子どもたちは自ら問い出します。異なった二つの感想を提示する、先の「お手がみ」の学習のように二枚の挿絵を提示する、同じ対象をえがいた二つの詩を提示する……、このような比較する対象が眼前にあると、子どもたちの中に問いが生まれるのです。

学習材ごとに変わる発問もありますが、どの学習材でも共通する発問を行うことで、その発問が子どもたち自身の問いとなって根付いていきます。

二年生のあまんきみこ「きつねのおきゃくさま」で、あらすじのとらえ方を学習しました。

一年生のときに学習した「おおきなかぶ」をつかって、あらすじは〈大きくなりすぎたかぶがぬけなくて困っていたおじいさんが、みんなの力を合わせて、かぶを抜いた話〉というように、〈(ある状態)であった(主人公)が、(ある影響)によって、(別の状態に変わる)話〉であることを理解させ、次の発問をしました。

「きつねのおきゃくさま」のあらすじは、〈●●●だった○○が、■■■によって、◆◆◆になった話〉にあてはめると、どうなりますか？

子どもたちは思い思いにあらすじを考えました。そして、話し合いを経て、〈ひよこたちを食べようと思っていたきつねが、「やさしいお兄ちゃん」「親切なおにいちゃん」「神様みたいなおにいちゃん」とほめられて、ひよこたちをおおかみから助けようとして死んでしまった話〉とまとめました。そして、どんな物語でもこのようにあらすじをまとめるとよいことを振り返りで強調しました。

だから、次に学習した川崎洋「わにのおじいさんのたからもの」でも同じようにあらすじを考えさせたら、「もうできるよ」と自分で進める子が増えていました。そして、前の単元よりも容易に〈宝物を知らない鬼の子が、わにのおじいさんにやさしくしたので、宝物の地図をもらって世界一美しい夕焼けを見ることができた話〉とまとめることができました。

その後の岩崎京子「かさこじぞう」の学習では、子どもたちは言われなくてもあらすじをすっかりまとめられるようになりました。〈貧乏でお餅も買えなかったじさまが、自分の売り物の傘を地蔵様にかぶせてあげたので、お礼にたくさんのお金やお餅をたくさんもらった話〉というように。「本を読むたびに、ノートにあらすじをまとめてるよ」と言う子も、出てくるほどでした。

このように子どもたちの読解技能として習得させる発問を意図的に仕組むのも、問われる学習者から問う学習者への転換のためには有効です。

2 学習者を生かす発問

(1) 個に対応すること

同じ発問をしても、一人一人の能力や思考スタイルは異なります。だから、反応も様々です。

一つの発問をすると、左図の実線のように個々の落差が鮮明になります。

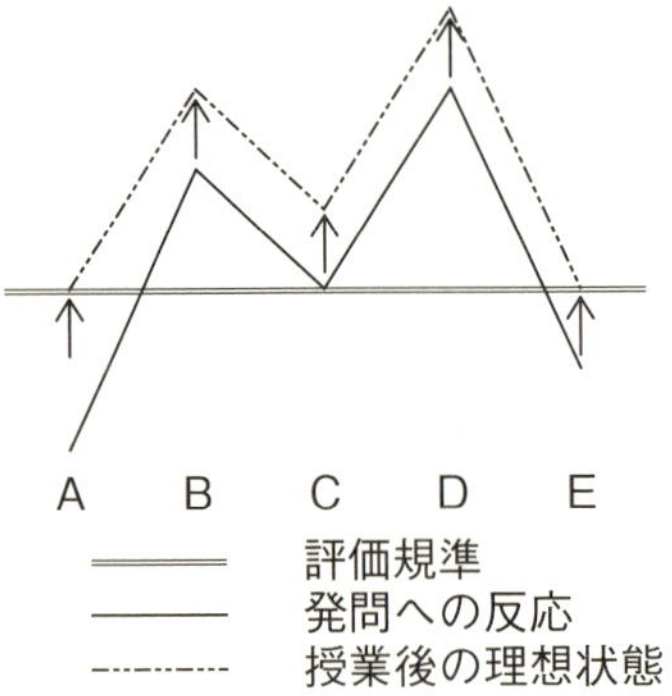

BやDの児童は、十分理解しているのに対して、AやEの児童は理解が不十分なことがわかります。発問をするから、このような落差が見えてくるのです。

落差が見えるから、その落差に応じて指導・支援を行い、授業後の理想のレベルに導けるのです。

AやEの児童は、何としても評価規準に到達させるべく、教師は指導や支援に精力を注がなければいけません。一方、すでに評価規準に到達している児童は、さらに高いレベルに高める必要があります。

一人一人が向上を実感できなければ、向上できなかった子は授業に参加した甲斐がありません。

（2）学習者を見ること、応じること、生かすこと

発問後に直ぐに挙手などの反応を求めてはいけません。

個々の落差が見えなくなるからです。

挙手をしない子は、切り捨てられてしまいます。挙手した子も、多くはじっくり「思考」しているわけではなく、思いつきの「反射」であることが大半です。だから、話し合っても深まりません。

発問の後は、子どもたち一人一人がじっくり思考する時間を確保します。そして、教師は、個々の学びの状態を把握し、その落差に応じて個に対応することが肝要です。

だから、机間指導が重要になります。

机間指導では、まず個々の落差をしっかり見ます。一人一人を評価規準に照らして、的確に評価します。評価する内容は、次の三つです。

①確認……発問を正しく理解しているか。
②診断……目標に照らして、到達している子は誰で、到達していない子は誰か。困って鉛筆が止まっている子は誰か。

③把握……個々の子どもがどのような見方や思いをもとに考えているか。

そして、その評価に従って、個に応じます。応じ方には、支援と指導があります。まず、困っている子を支援します。自分の考えをもっていないと、話し合いには参加できません。支援し、それぞれの子に考えをしっかりもたせます。そのためには、その子に応じたさらに噛み砕いた発問をしたり、ヒントとなる発問をしたりする必要があります。

噛み砕いた発問やヒントとなる発問で鉛筆が動き出せばよいのですが、それでも進まないなら一緒に考え、その子の手をとって途中まで書いてあげるのもよいでしょう。薄く書いて、なぞらせるのも一手です。大切なことは、全体の話し合いになったときに、どの子にも恥をかかせないことです。だから、どんな手を使っても、徹底的に支援をするのです。

往々にして、できない子への支援は、どの先生も熱心です。しかし、できている子への指導も忘れてはなりません。さらにその子を伸ばすための指導をしなければなりません。「答えは一つとは限らないよ。他にないかな？」「この理由は、〇〇くんの力からするとまだ浅いなぁ。もっと根拠となる文はあるかな？」といった個々の能力に応じた背伸びを求める発問を意図的に行うのです。

さらに、支援や指導の結果を生かします。

個々の意見を把握し、効果的な話し合いになるように指名の計画を立てたり、揺さぶるための発問を考えたりするのです。この机間指導の見立てをもって、授業の予定を修正するのです。

また、話し合いが活性化し、目標に到達できるように仕組むことも大切です。机間指導の過程で、話し合いを活性化する意見になるように揺さぶったり、新たな問いが生まれるように考えを意図的に種まきしたりするのです。「こんな考えも面白いよね？」「先生はこう考えるけど、どうかな？」というように机間指導をしながら種まきの発問をするのです。

このように、机間指導をとおして、学習者を見ること、応じること、生かすことに徹します。

（3）共感すること、承認すること

発問を巡って対話や話し合いをしようとすると、自分の考えに自信がもてない子がいます。そのような子に対しては、教師が共感したり承認したりして、子どもたちの自信を後押しすることが大切です。机間指導をしながら、子どもたちの考えに花丸をつけたり、「よい意見！」「すばらしい！みんなに伝えて！」とコメントを加えたりします。これだけでも、自信のない子は後押しされます。

事前に教師がプレ対話をするのも有効です。子どもたちの考えを共感的に受け止め、優れた点を見つけて承認します。その子のよさを意図的・計画的に伸ばすような言葉掛けを心懸けるのです。こうすると、発問に対する自分の考えに自信がもてるようになり、話し合いへの態度が前向きになります。

そして、対話や話し合いが上手にできたら、その事実を共感したり承認したりすることが大切です。「できたね！」「それでいいんだよ！」「うまくなったね！」そんな「You are OK!」というメッセージをシャワーのように浴びせることで、そのメッセージが「I am OK!」という自己肯定感に繋がっていくのです。

（4）訂正すること、否定すること

訂正すること、否定することを躊躇してはいけません。させてもいけません。訂正や否定を伴わなければ、質的な向上は期待できないからです。ただ、訂正や否定によって、子どもたちが自信や自己肯定感を下げてしまっては、元も子もありません。子ども同士の関係性を悪くしては、逆効果です。

どんな状況のときに、人は訂正や否定を求め、素直に受け入れるでしょうか。それは、問いに対して強い希求心をもっているときです。どうしても正しい解が知りたければ、訂正や否定を望みます。解を得ることが快になるからです。

場も大きな影響を与えます。学級の仲間に向けて自分の考えを述べる場よりも、地域の方々に向けて自分の考えを述べる場の方が、子どもたちはより質の高さを求めます。失敗はしたくありませんし、せっかくですからよいところを見せたくなります。だから、よりよい表現になるなら、訂正や否定を歓迎します。

つまり、問いに対する切実感や必要感をいかに高めるかです。だから、問われる学習者から問う学習者への転換が重要となるのです。

また、訂正や否定によって、考えが磨かれたり、新しい価値に気付いたり、一層向上することを実感したりする場を多く体験させることも重要です。訂正や否定によって高め合う集団であることを認識すれば、子どもたちは訂正や否定を自然に受け入れるようになります。

（５）コーチングに学ぶ発問

授業行為の中心となるティーチングが他律的指導による伝授が中心になるのに対して、コーチングは自律的行為による発見が中心となります。もちろん、ティーチングの上にコーチングが成り立つことを忘れてはいけません。いきなり「自由に好きにやってごらん」と言われても、そのやり方を複数知っていなければ、選択もできないからです。ただいつまでもやり方を与えるだけでは、自律的な学びは期待できません。教師のよい発問が子どもたちの問いのモデルになると前述したとおりです。だから、問われる学習者から問う学習者への転換は、ティーチングからコーチングへの転換とも言えます。発問という視点で、コーチングから何が学べるでしょうか。

コーチングでは、「閉じられた問い」ではなく「開かれた問い」を重視します。「閉じられた問い」とは、答えが決まっている問いです。それに対して、「開かれた問い」は、答えが複数ある問いです。

「新聞の記事に何を書きますか?」と尋ねれば「合唱発表です」と単純に答えます。なぜそれを選んだかの理由程度にしか話題は広がりません。これは、「閉じた問い」です。

「開かれた問い」では、「新聞の記事でどんなことを読者に伝えたいですか?」（少し悩んで）「学級の仲のよさを伝えたいかな」「仲のよさを伝えてくれるなんて先生は嬉しいな。うちのクラスの仲のよさは何で伝わるかな?」「合唱発表かな」「他にもあるの?」「係活動も自慢したい」「どっちもいいね、それぞれのよさって何かな？」というように、教師の問いによって自己の考えを深め、今まで自分では気付かなかった視点を引き出すことが可能となるのです。

個々によって能力も思考のスタイルも異なります。「開かれた問い」は、その能力差や思考のスタイルの違いに対応することができます。個の実態の把握なくしては、適切な「開かれた問い」はできません。だから、個を生かすことができるのです。

Ⅳ章

「発問」で見る単元展開例

単元「お話を三枚の絵で紹介しよう」

言語活動　「読書紹介」

一年　学習材▼「おとうとねずみチロ」他

1 単元の特色

（1）単元の趣旨

入学して半年、子どもたちは毎日の読み聞かせで絵本に親しんできています。読書履歴は百冊ほどになりました。また、読書記録を書いたり、お気に入りの話をカードにまとめたりしてきています。子どもたちはお話の中で自分の好きな場面を見つけてそのわけを話したり書いたりできるようになってきています。

本単元では、「おとうとねずみチロ」で、挿絵を手がかりにしながら主人公チロの様子や気持ち、変化を見つけさせました。場面をつないでお話のおもしろさを順序よく紹介する力を付けます。さらに、子どもたちが選んだ本で主人公や場面の変化を紹介させ、活用力を付けようとした実践です。

（2）学習材について

「おとうとねずみチロ」は、チロの願いと行動に子どもたちが共感できるお話です。はじめチロは「セーターをもらえないのでは」と心配しますが、最後にはチロの願いが通じて赤と青のしま模様のセーターがもらえます。一途に願いをもち、行動するチロの様子や心の変化は、一年生の子どもたちにも想像できます。挿絵を手がかりに読みたいお話です。

(3) 指導にあたって

まず「おとうとねずみチロ」を読んで、「三枚の絵」（資料①）にまとめます。子どもたちはこれまでの学習で気に入った場面を一つ選び、絵に描いて、お気に入りのわけを紹介する活動をしてきています。本単元では、お話の「はじめ・中・おわり」を三つの絵で表した読書カード「三枚の絵」を書かせます。「お話紹介にはどの三枚の絵を紹介すればいいかな」と問い、お話の始めとおわり、さらにお話が変化するきっかけとなった中の場面を見つけさせ、チロの様子や変化を読み取らせます。三枚の絵をつないで話

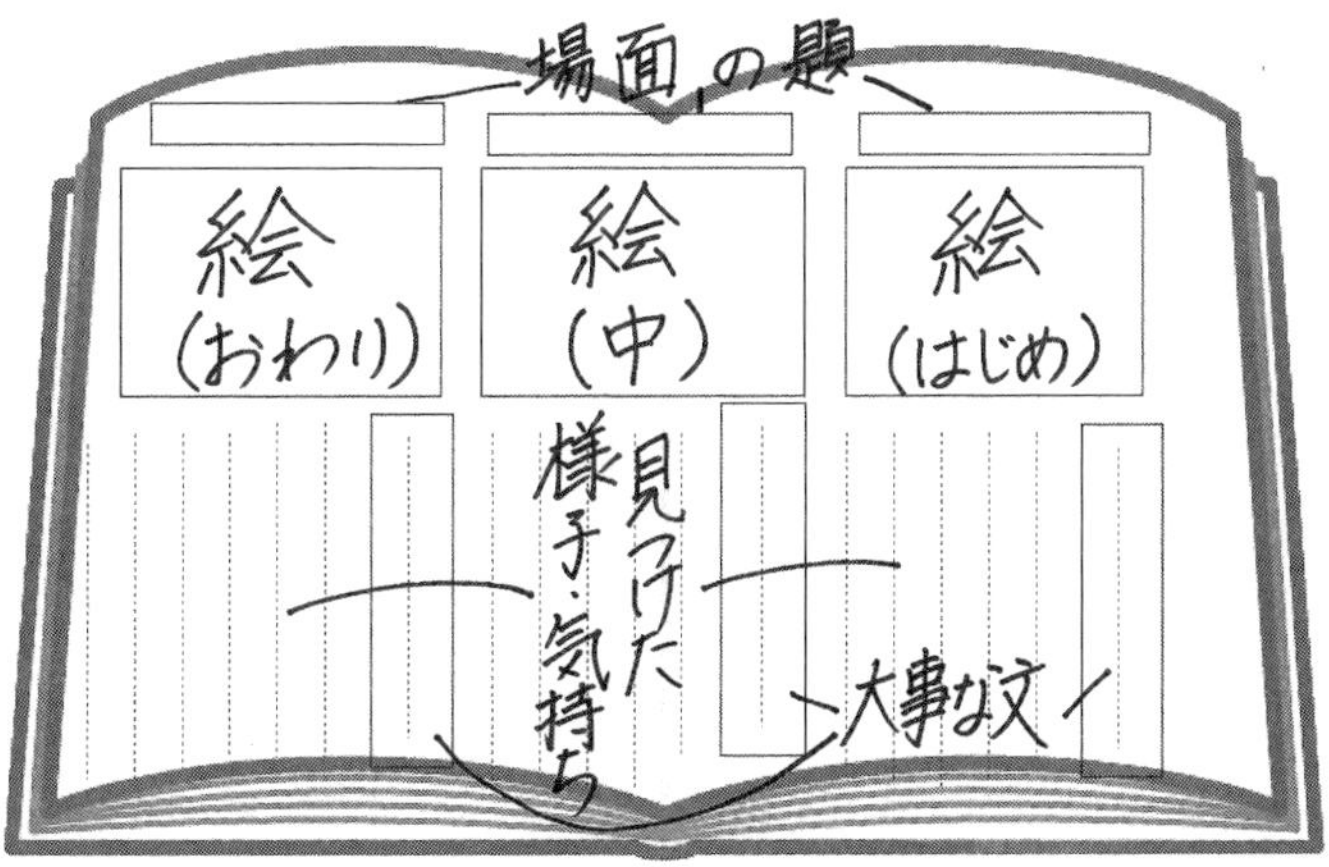

資料①　三枚の絵

すことでお話の移り変わりやおもしろさを順序よく紹介することができます。

　これらの活動で、主人公や場面の変化に目を付ける読み方を経験させることができます。さらに、子どもたちそれぞれのお気に入りの一冊を「三枚の絵」で紹介させることにより、活用する力を育てていきます。

2 目標

・挿絵を手がかりにしてそれぞれの場面を読み、チロの様子や気持ちを想像することができる。
・三つの場面を選び、「三枚の絵」に絵や場面の題、見つけたチロの様子を書くことができる。
・自分の選んだ本で「三枚の絵」を書き、場面をつないで紹介することができる。

3 評価規準

ア．国語への関心・意欲・態度	エ．読む能力
いろいろなお話を、すすんで「三枚の絵」にまとめながら読んでいる。	・挿絵を手がかりにしてそれぞれの場面を読み、チロの様子や気持ちを想像している。 ・三つの場面を選び、「三枚の絵」に絵や場面の題、見つけたチロの様子を書いている。 ・自分の選んだ本で「三枚の絵」を書き、場面をつないで紹介している。

4 指導計画（全八時間）

次	時	学習活動　発問と指示	指導上の留意点
1	1	「おとうとねずみチロ」を読み、学習の見通しをもつ。 ・読んでどんな感想をもちましたか。 ・どんな学習をするのでしょうか。	・感想を出させる中で、チロの様子や気持ちを見つけていくという学習内容を意識させる。 ・まず「おとうとねずみチロ」を「三枚の絵」に表し、さらに自分の選んだ本で書くという活動の見通しをもたせる。
2	2 3 4	挿絵を元にして「おとうとねずみチロ」を「三枚の絵」にまとめる。 ・「はじめ・中・おわり」から挿絵を三つ選びましょう。 ・三枚の絵の場面について話し合い、チロの様子や気持ちを見つけましょう。 ・交流で見つけたことを「三枚の絵」に付けたしましょう。 ・「三枚の絵」を見せながら場面をつないで紹介し合いましょう。	・絵から見つけたり、絵を比べたりしたことを書き込ませる。 ・叙述とつないで話し合わせ、チロの行動や様子を読み取らせる。 ・読み取ったことを三枚の絵に書き足させる。 ・絵と絵の題を手がかりに、お話の筋にそって見つけたチロの様子を話させる。そのために話す手順を子どもたちと確認し、絵を示しながら話す練習をさせる。

3	5 6	自分の選んだ絵本について、挿絵をもとにして「三枚の絵」にまとめる。 ・「三枚の絵」にまとめる時のポイントは何ですか。 ・三枚の絵に書きたい本を選び、「三枚の絵」にまとめましょう。	・お気に入りの本の中から一冊を選ばせる。 ・ポイントに沿って三つの場面・挿絵を選ばせる。 ・選んだ絵を描き、題や大事な文、見つけたことを書き込ませる。 ・紹介の手順を想起させ、「三枚の絵」を見せながらお話紹介をする練習をさせる。
4	7 8	「三枚の絵発表会」を開き、学習のよさを振り返る。 ・発表会を開き、自分の選んだ本を三枚の絵で紹介しましょう。 ・三枚の絵で紹介したことのよさはどんなことですか。	・めあてをもって発表会を進められるように振り返りシートに書き込ませる。 ・保護者からの感想をもらうように助言する。 ・学習を振り返り、三枚の絵で紹介してよかったことを振り返り、シートに書かせる。

5 授業展開の①

(1) 指導のねらい

・「お話三枚の絵」（資料②）の絵の部分は、挿絵を参考にして描き、吹き出しでチロの気持ちや様子を想像して書き込む。絵から見つけたことを話し合わせ、それぞれの場面のチロの様子や気持ちを明らかにし、場面に題を付けさせる。
・三枚の絵を比べてチロの様子の違いや変化を見つけさせる。

(2) 指導のポイント

○お話紹介のための三枚の絵はどうやって選べばいいですか。

挿絵を手がかりに文章を読み、主人公チロの気持ちを想像し、場面の様子を見つけさせていきます。お話紹介のために三枚の絵を選ばせます。お話全体を紹介するために、三枚の絵を選ぶときは、「はじめ・中・おわり」から一枚ずつ選ぶことが大切であることを見つけさせます。

○それぞれの絵からチロのどんな様子や気持ちが見つかりますか。

・自分のセーターがないと言われて悲しんでいるチロ
・がんばって木の上までのぼったチロ
・丘の上の木のてっぺんで叫ぶチロ、
・声が届いて喜んでいるチロ
・おばあちゃんにありがとうと叫ぶチロ

資料② おとうとねずみチロ 三枚の絵

○絵を比べてみて、チロの様子や行動がどのように変わりましたか
・しっぽやめがたれていて、元気のない様子のチロ
・しっぽがピンと立ち、声を届かせようと大きな口をあけているチロ
・セーターが届いて喜んで飛び上がっている元気なチロ

6 授業展開の②

(1) 指導のねらい

自分の好きなお話で「三枚の絵」を書いて友達に紹介する。

日常の読書履歴の中から一番のお気に入りの本を選び、「三枚の絵」を示しながら自分のお気に入りの本を紹介し合います。

(2) 指導のポイント

○「おとうとねずみチロ」の学習で学んだ「三枚の絵」の選び方、書き方をどのように使えますか。
・「はじめ・中・おわり」で選ぶ。
・題と絵、見つけたことをそれぞれ書く。
○書けた三枚の絵（資料③）を使って、おもしろさをどのように紹介しますか
・「一枚目の絵は、～している○○です。どんな様子かというと～」「二枚目の絵は～している○○です。～」「三枚目の絵は～している○○です。～」というように、絵について順番に説明していく。

○三枚の絵で紹介してよかったことはなんですか。
・お話三枚の絵だとどんなお話かわかるから楽しい。
・お話の順序がよくわかるように紹介できる。
○学びの成果を発表し、伝え合おう
発表会を開き、保護者にお気に入りの本を三枚の絵で紹介します。楽しみながら学習のよさを振り返り、まとめをすることができます。

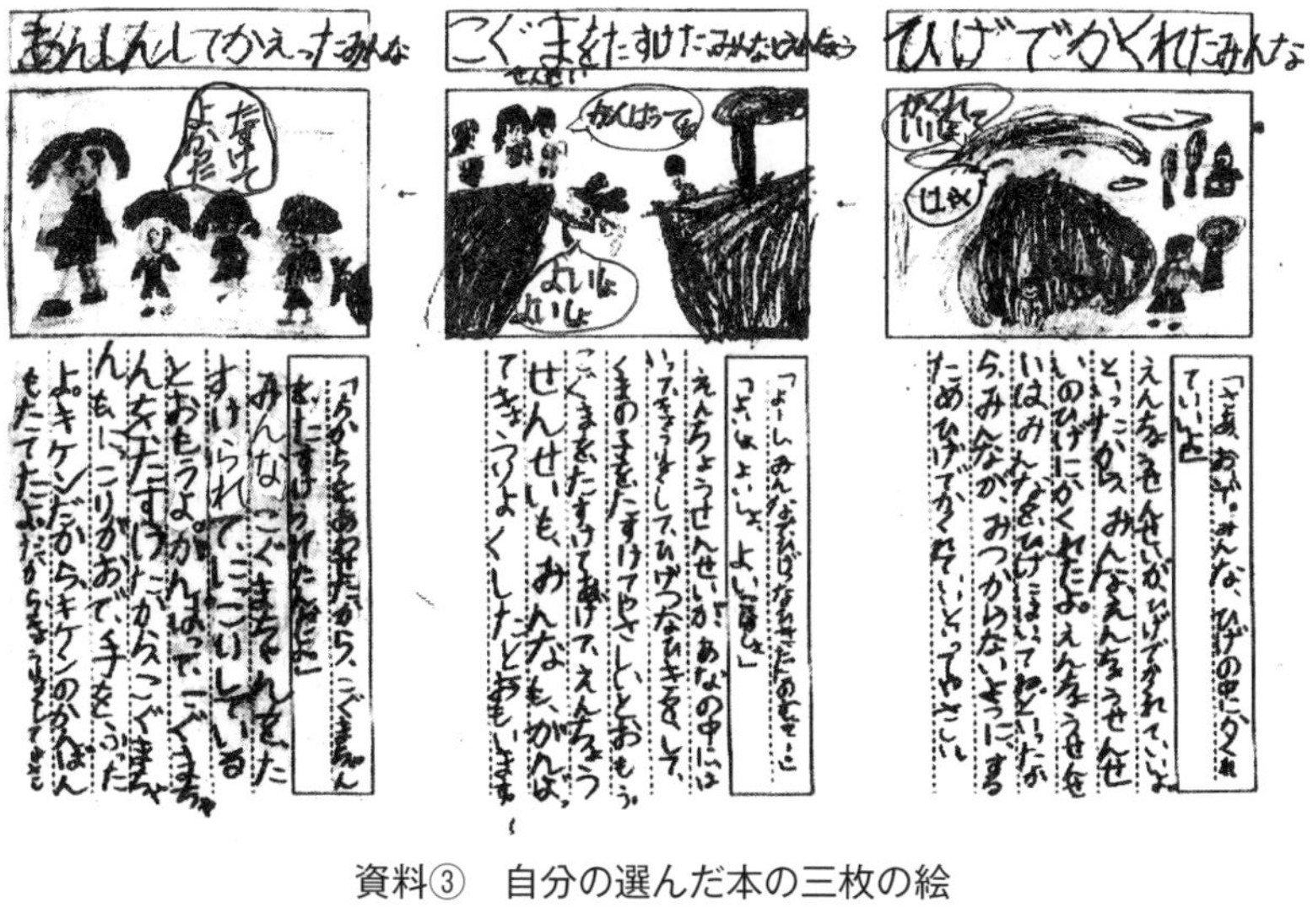

資料③　自分の選んだ本の三枚の絵

単元「はたらく犬リーフレットを作ろう」

言語活動「書かれていることや調べたことを要約し、リーフレットにまとめる」

三年　学習材▼「もうどう犬の訓練」

1 単元の特色

(1) 単元の趣旨

本単元は、学習材「もうどう犬の訓練」やはたらく犬について書かれた本を読み、わかったことをリーフレットに書き換えるという言語活動を行います。リーフレットを作成することで、必要な情報を適切に取り出し、条件に応じて簡潔に要約する情報活用の能力を育成します。本単元では、はたらく犬についてリーフレットを作るという目的をもつことで、内容を主体的に読み、目的に応じた要約の仕方を身に付けさせることをねらいとしています。

(2) 学習材について

本学習材は、犬の特長と盲導犬の定義を述べた後に、訓練の内容や心構えについて、時系列に沿って説明した文章です。訓練の段階に即して説明されているので、段落ごとの内容をとらえやすく、大事な言葉や文を見つけて要約を学ぶのに適した学習材と言えます。また、身近な動物である犬がどのような訓練を通して「はたらく犬」として活躍するようになるのかが具体的に書かれているため、「もっと知りたい」「調べて伝えたい」と興味や関心をもちやすく、本や資料をなどで調べて情報を活用する学習にも適していると考えます。

本単元でリーフレットという言語活動を選択したのは、教材文や調べてきた資料を絞って情報を取り出し、簡潔に加工して紹介するのにふさわしい言語活動の質や量を実現できるからです。また、紙面構成上、教科書教材を共通教材で情報活用する学習と各自が調べてきた情報を加工する学習を効果的に配置できると考えるからです。

2 目標

・「はたらく犬」リーフレットを作ることに興味をもち、進んで資料を読んで調べようとする。（意欲関心）
・リーフレットを作るという目的に応じて大事な言葉や文を見つけながら読み、書かれている内容を条件に合わせて短くまとめることができる。（読むこと）
・もっと詳しく知りたいと思ったことを調べるために本や資料を読み、リーフレットに必要な情報を集めることができる。（読むこと）
・接続語や指示語が、文と文との意味のつながりを表していることに気付くことができる。（言語）

3 評価の観点・方法

本単元では、はたらく犬について紹介する文章を読み、リーフレットに書き換えるという言語活動を通して、大事な言葉や文を見つけ、書かれていることを要約する力を付けることをめざしています。そこで、導入ではモデルのリーフレットを分析し、どのような学習を行えばよいか考えます。この教師作成の見本は、書き換えを行う際の条件を考える手がかりとなると同時に、情報の取り出し方、要約の仕方、情報加工の仕方などの評価規準（B基準）となるため、見本に照らして子どもたちの学習を評価するようにします。また、これらの学習にかかわる発問を工夫することが重要となります。

さらに、自分が知りたいことを本や資料を活用して調べる際には、教科書で学習した要約の仕方が身に付いているかを評価します。最後に、単元全体を振り返り、「要約の極意」としてまとめることで、本単元で身に付いた力を確認します。

4 指導計画（全十二時間）

次	時	学習活動	○指導上の留意点　☆評価
一	1	・学習の見通しをもち、学習計画を立てる。	○見本のリーフレットを見て、どんな学習をしたらよいか考えさせる。

二	2 ～ 7	・てびきの例と本文を読み比べ、要約の方法について考える。 ・教科書の文を読み、段落ごとの内容を要約し、リーフレットにまとめる。	○てびきを参考にしながら、段落のまとまりごとに大事だと思う言葉や文に注目させる。 ☆盲導犬を紹介するために、大事な言葉や文を見つけ、内容を短くまとめながら読んでいる。
三	8 ～ 11	・はたらく犬についてもっと知りたいと思ったことを話し合い、資料を集める。 ・調べた中から伝えたいことを選んで要約し、リーフレットにまとめる。 ・お互いのリーフレットを読み合い、交流する。	○並行読書してきた本や資料を振り返り、いろいろな観点から調べたいことを見つけさせる。 ○教科書で学んだ要約の仕方を想起させ、大事な言葉や文を見つけ、短くまとめるようにさせる。 ☆リーフレットを作る目的に応じて、大事な言葉や文を見つけ、内容を短くまとめながら読んでいる。
四	12	・学習を振り返り要約するときの方法を極意としてまとめる。	○学習を振り返り、要約するにはどのようにすればよいか言葉で整理してまとめさせる。

5 授業展開

【第一時】（第一次一時限）

本単元の導入の一時間です。ここでは、「はたらく犬リーフレット」を作るという学習課題を一人一人がしっかりとつかみ、学習計画を立てることがねらいとなります。

発問 「はたらく犬リーフレット」を作るために、どのような学習をどのように進めればよいでしょうか。

・単元名やてびきを読み、本単元では、「はたらく犬リーフレット」を作る学習を行うことを確認します。その際、教師が作成したモデルや教科書のてびきのリーフレットの例を提示し、どのような学習をすればよいかを考え、次時以降の学習計画を立てます。

まず、本文とリーフレットの内容を比較して読み、相違点を挙げていきます。そこで、リーフレットは、見出し

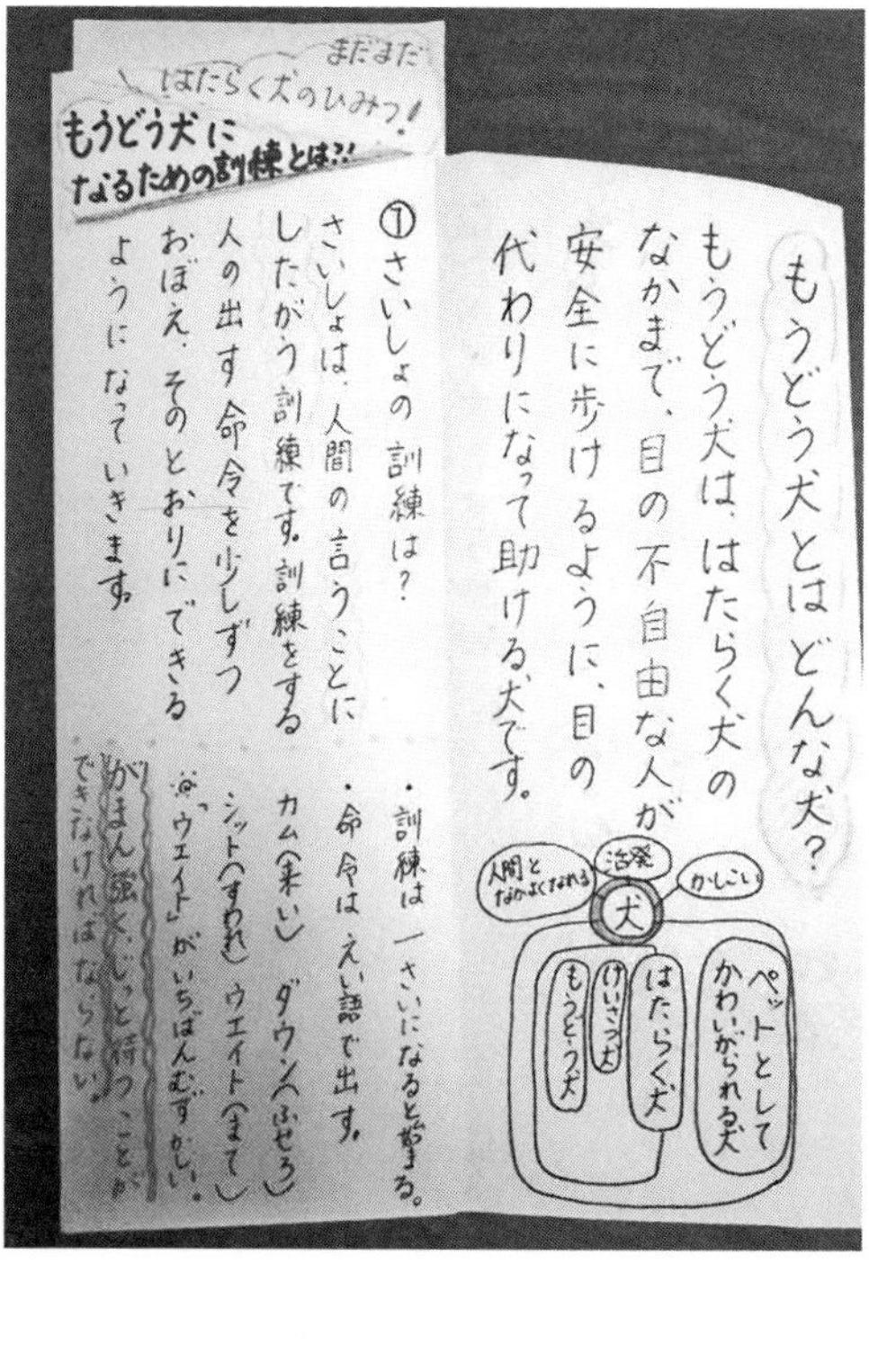

があること、文が短くまとめられていること、箇条書きや図、イラストなどでわかりやすく伝わるように工夫されていることなどに気付かせます。その後、短くまとめて書き換えるにはどのような学習をしていけばよいかを考え、学習計画を立てていきます。

【リーフレットに書き換えるための条件】（教師モデルを見て考える）

・ページごとに見出しを付ける　　　・どんな訓練を行うか短くまとめる
・訓練について述べている部分を抽象（大事なこと）と具体（例）に分ける
・必要に応じて箇条書きや図、絵などに書き換える

【第二時】（第二次一時限）

本時では、どのようなリーフレットの形式にするか、ページごとにどんな訓練の内容を書くかなどを考えることを通して、「もうどう犬の訓練」の文章全体の構成をつかみ、段落ごとのつながりを読み取ることをねらいとしています。

発問① リーフレットはどのような形式にすればよいのですか。ページ数は何ページにすればよいのですか。

発問② ページごとにどのように内容をまとめたらよいのですか。

・リーフレットの形式（折り方）やページ数を考えるためには、段落ごとのまとまりをつかむことが必要になることに気付かせます。そして、てびきの文章構成をまとめた表や、順序を表す言葉に着目させ、本文全体をいくつに分けてリーフレットにまとめたらよいかを話し合います。
・教師のモデルやてびきを参考にして、どのページにどのような訓練内容を書くか考えさせ、ページ

ごとに見出しを付けることで、文章全体の姿を意識して読み取れるようにします。

【第四時】（第二次三時限）

本時は、教科書の文と要約した文を比べて読むことを通して、伝えたい内容をどのように書き換えれば、わかりやすく要約することができるかを考えることがねらいとなります。

発問① リーフレットの文章は、本文をどのように書き換えていますか。

発問② 大事な言葉や文を見つけるにはどのようにしたらよいですか。

・てびきに示されている「教科書の文をまとめた例」と元の文を比べることで、どのような点に気を付けて要約すればよいかを考えさせます。例えば、二文を一文に要約する時、けずられた言葉は何か、補われた言葉は何かを見つけ、なぜそのように書き換えられているのかの理由を話し合うことで、要約の仕方を考えさせます。

> もうどう犬も、はたらく犬のなかまです。もうどう犬は、目の不自由な人が、町を安全に歩けるように、目の代わりになって助ける犬です。

↓

> もうどう犬は、はたらく犬のなかまで、目の不自由な人が安全に歩けるように、目の代わりになって助ける犬です。

・それぞれの段落で、どの言葉や文が大事なのかを探す方法について考えさせます。その際、「さいしょは」や「次は」などの順序を表す言葉に着目し、「訓練」について述べられているキーワードを探すことで、段落のどの部分に重要なことが書かれているか気付かせます。また、「たとえば」

に続く文は、前に述べている事柄の具体例が挙げられていることや「ですから」に続く文は前述の内容をまとめていることなどにも気付かせることで、大事な内容をリーフレットに書き換えることができるようにします。

【第十二時】（第三次六時限）

本時は、できたリーフレットを読み合い、情報の取り出し方、要約の仕方、情報加工の仕方など、本単元の言語活動を振り返ってメタ認知させ、学んだ方法を「極意」としてまとめることがねらいとなります。

発問① リーフレットの文章は本文をどのように書き換えていますか。

発問② 情報の取り出し方や要約の仕方、情報加工の仕方について大事なことを「極意」にまとめましょう。

・友達の作品を読み合い、自分のリーフレットとの共通点や相違点について話し合います。また、「わかりやすくまとめられているか」「どのように情報を加工しているか」など、要約の仕方や表現の仕方にも着目させるようにします。

・今まで学習してきたことを振り返り、要約する際に重要なことについてまとめていきます。例えば、「大事な言葉や文を見つけるにはどんなところに着目すればよいか」「書かれていることを目的に合わせてまとめるにはどのようにすればよいか」などについて、自分たちの言葉でまとめ、付いた力を確認します。

高学年

単元「変化点に着目して中心人物を紹介しよう」

言語活動「人物変化カードを用いて物語文を読もう」

六年　学習材▼「海のいのち」他

1　単元の特色

(1) 単元の趣旨

高学年の物語教材を読むには、既習の学び方を使っていく必要があります。これまでに主に、中心人物の変化（「いつ」「どのように」「なぜ」変化したのか）に着目しながら学んできています。そこで、本単元では、既習の学び方を生かして中心人物の変化点（いつ・なぜ変化したのか）に着目した「人物変化カード」（資料①）を用いて学習することにしました。

その理由は二つあります。一つ目は、既習の方法を用いることで、全文を読みながらも焦点化した読みを行うことができるからです。二つ目は、中心人物 太一 のクエに対する気持ちが大きく変化したことが、行動や言葉から見つけやすいからです。

キーマンであるクエに対する思いは、太一の心の成長と大きくつながっています。クエに対する思いが徐々に怒りから別の感情に変化しているのは、様々な価値観の中で太一の心が揺れ動くとともに自分の中で答えを出そうと行動していることからうかがえます。「自分で答えを出した瞬間（変化点）はどこですか？」と問うことで、太一の「漁師としての生き方」や「海のいのち」に対する考え方を深めていくことができます。「人物変化カード」を用いた学習を多読学習に広げることで、登場人物の変化点を意識した読みを強化することができます。

(2) 学習材について

「海のいのち」は、海を舞台とした人間模様の中で、主人公 太一が成長していく物語である。成長と一言で言っても子どものころの太一と大人になった太一では大きく異なります。そこで、何がどのように成長したのかを読むにあたって、いくつかの項目で

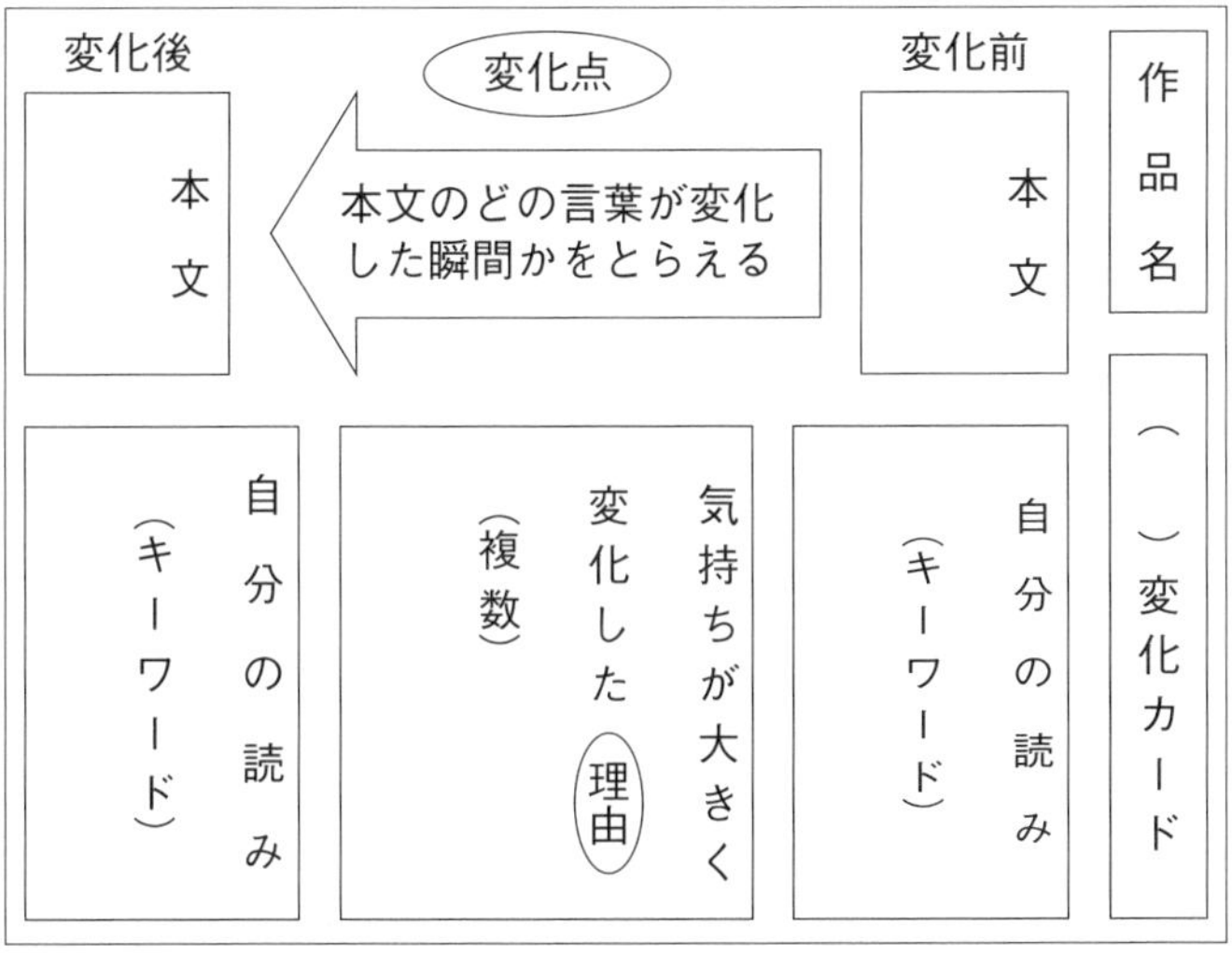

【資料①　人物変化カード】

比べて考えることが重要です。

まず、「海のいのち」の設定部分に書かれている「海」や「漁師」に対する考え方を問うことで、子どものころの太一の考え方が浮かび上がります。次に、漁師になりたいとあこがれた存在であった「父」や「与吉じいさ」とのかかわりの中で育ってきた思いを問うことで、徐々に大人になる太一の「漁師として海で生きる」ことはどういうことなのかを考えていくことにつながります。

太一は、父の死以降、自分の思いを表に出さずに漁師としての道を極めようとしていました。だからこそ、クエに出会った時に最も大きな変化が生まれたのです。追い求めていたクエに出会った場面で太一の感情が大きく揺れ動いていることが、クエに対する呼び名でわかります。敵視した呼び名であったり、敬意をはらった呼び名であったりとクエに対する呼び名の違いを問うことで様々な感情が沸き起こっていることが想像できます。そこで「太一の変化点はどこですか？」と発問します。

様々な人間模様の中で学んだことが太一の変化に影響しています。交流をもとに人物変化カードを見直すことを繰り返すことで、思考力を深めることができる教材です。さらに、他の作品においても中心人物の変化点を見つける活動を行うことで作品のメッセージ性を考える力を付けることができます。

2 目標

・人物変化カードを用いて、太一の変化点と考えられる語句や文を本文から抜き出し、変化に至る理由を、複数の語句や文を根拠に説明することができる。

・並行読書を行い、中心人物の生き方を手がかりにして、作品のもつメッセージ性について考えることができる。

3 評価規準

読む	・人物変化カードを用いて、太一の変化点と考えられる語句や文を本文から抜き出し、変化に至る理由を、複数の語句や文を根拠に説明している。 ・並行読書を行い、中心人物の生き方を手がかりにして、作品のもつメッセージ性について考えている。

4 指導計画（全七時間）

	時	学習活動	○指導上の留意点　☆評価
一	1	「海のいのち」の作品を読み、初発の感想を交流する。どんな言語活動を用いるかを考える。	○「海のいのち」を読むと、疑問や課題が物語の山場部分に集中するため、そのことを整理できる言語活動を探せるように、既習の言語活動を板書に書いて、選びやすいようにしておく。

	2	「人物変化カード」の中でも「いつ」「なぜ」変化したのか中心に整理することを共通理解し、学習の見通しを立てる。	○「太一の変化点はどこか」の問いに自分で答えられるように「いつ変化したか」「なぜ変化したか」をシートの中央に書くように指示する。
二	3	「太一の変化点とその理由を「人物変化カード」に整理する。 一人学習「海のいのち」「他作品」	○太一の変化点はどの部分とつながっているのかがわかるように「変化前」と「変化後」も書くように声掛けを行う。
	4	太一の変化点における交流を行う。	
	5	自分の書いた「人物変化カード」を修正する。	
三	6	「海のいのち」及び「他作品」の人物評価カードの評価を付箋で伝え合う。	☆「変化点と理由」が、太一の生き方とつながっているかを読み取っている。また、変化点につながる理由を複数の場面を根拠に抜き出している。
	7	身に付いた言葉の力を問う。	○太一の生き方の中に「海のいのち」をどうとらえるかが含まれているかを見つめる。

5 授業展開

（1）本時のねらい（第二次　第5時）

太一の変化点とその理由を交流することで、太一の生き方をさぐる。

（2）指導のポイント

○太一の「海」や「漁師」に対する考え方を問う

太一の変容を見つけるには、設定部分の太一について本文を根拠にしながら読み深めておく必要があります。そのため、単元に入るずいぶん前に太一の海や漁師に対する考えを整理する時間を少しずつとってノートにまとめておくようにします。

○キーマンである「父」「与吉じいさ」の存在を問う

父を意識している文章もいくつかあるので、父親に対するあこがれや与吉じいさの言葉に着目させます。

○クエに対する呼び名の違いを問う

太一の気持ちが揺れ動くのはクエに出会った瞬間です。そのクエに対して、様々な呼び名で向き合っています。この呼び名こそ太一の変化点を探る上で重要な手掛かりとなります。（光る緑色の目↓青い宝石の目↓父を破った瀬の主↓クエ↓瀬の主↓大魚↓この魚↓おとう）

○「海のいのち」を問う

初めて、この物語を読んだ時から子どもたちは題名の意味を考えます。「海のいのち」＝「クエ」と思っている子もいます。「クエ」を「おとう」と思おうとしている太一に変わってきている文章を本文から抜き出し、自分の読みをつくらせます。（資料②）

さらに、山場の場面に様々な思いが重なって、太一の変化点になっていることを交流学習を通して深めていきます。

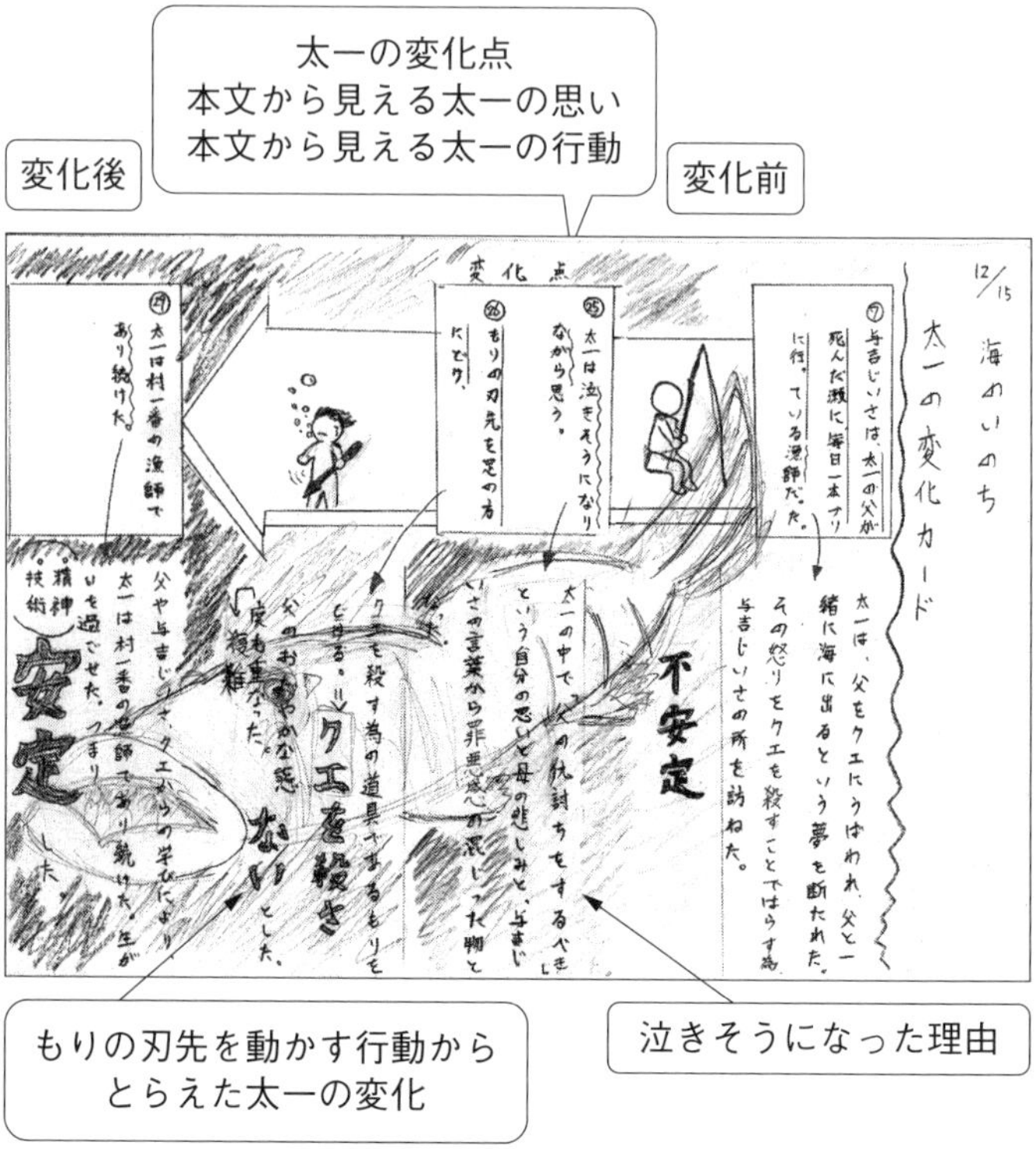

【資料②　太一の変化カード】「海のいのち」

「人物変化カード」を用いて太一の変化点を問う

太一の心情の揺れがあった後に行動の変化が生まれています。クエと向き合うことで、漁師としての生き方を見つめています。（資料②）

父とクエを同列に見ようとする太一に変化したからこそ「海のいのち」を守る漁師としての人生を送っています。

「人物変化カード」を多読で活用する

千春の心情の変化がわかりやすいように、心情曲線を入れ、けやきの木に対する思いの変化をとらえています。

木としてとらえていた思いか

・心情曲線を人物変化カードに入れて変化を見える形に
・キーワード「安定と不安定」を軸に心情をとらえる

変化後　　　　　　　　　　　　　　　　変化前

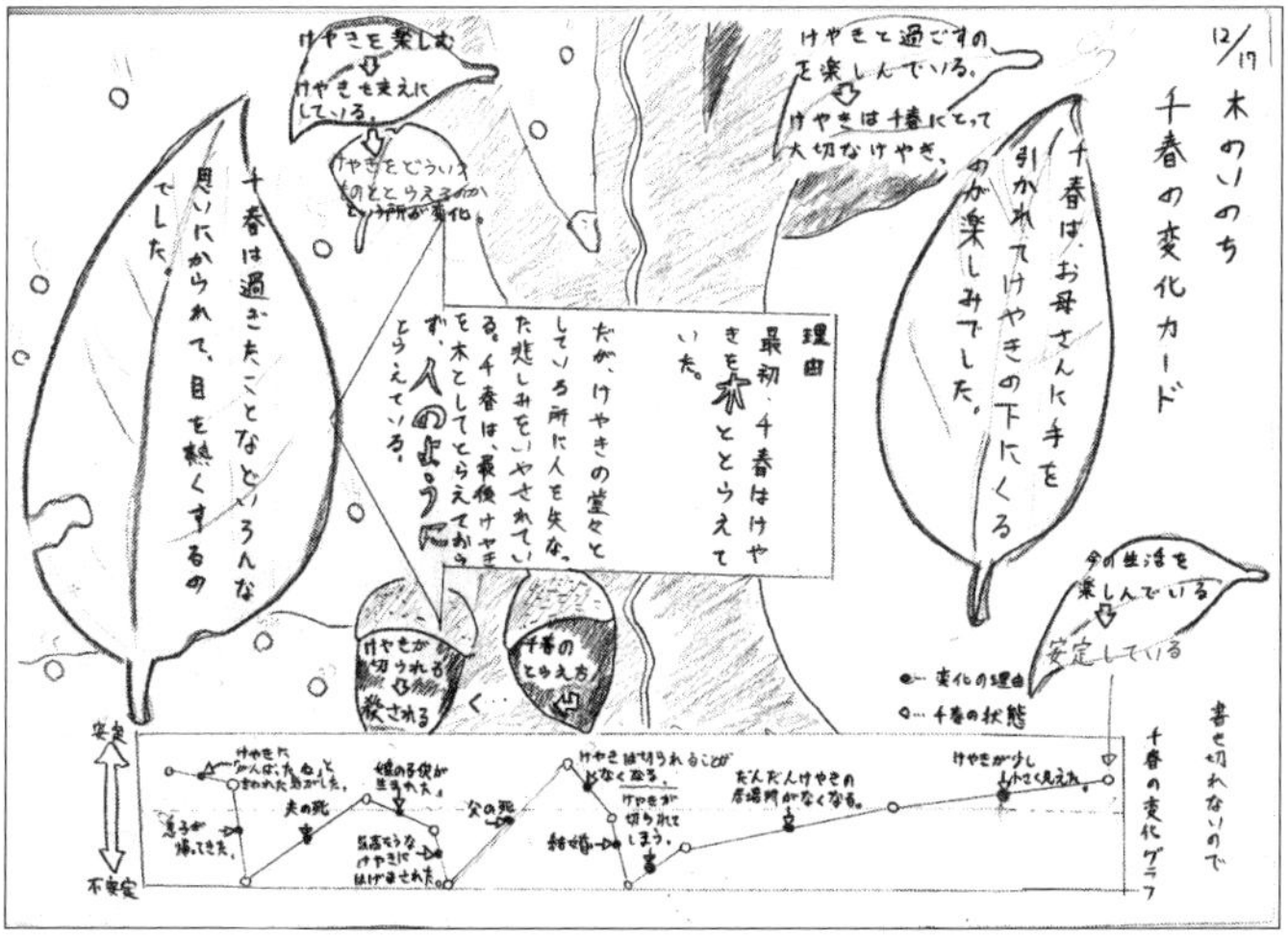

【資料③　千春の変化カード】「木のいのち」

ら、人生をともに歩むことで、徐々に人のように思いを深めています。

植物は直接話ができないが「がんばったね」と言われた気がするほど、けやきの木が近い存在になっています。（資料③）

『発問』編

〔編著者・執筆箇所一覧〕※所属は執筆時

編集責任者

寺井正憲（千葉大学教授）…Ⅰ章

編著者

伊崎一夫（奈良学園大学教授）…Ⅱ章

執筆者

細見博友（兵庫県・三田市立ゆりのき台小学校教諭）…Ⅱ章

横田経一郎（千葉県・富津市立天神山小学校校長）…Ⅲ章

羽渕みな子（兵庫県・三田市立すずかけ台小学校教諭）…Ⅳ章1

神谷知子（千葉県・船橋市教育委員会）…Ⅳ章2

遠藤陽子（兵庫県・三田市立ゆりのき台小学校教諭）…Ⅳ章3

企画編集担当

切刀道子（日本国語教育学会常任理事）

〔シリーズ国語授業づくり　企画編集〕（五十音順）

泉　宜宏

今村久二

大越和孝

切刀道子

福永睦子

藤田慶三

シリーズ国語授業づくり
発問
―考える授業、言語活動の授業における効果的な発問―

2015（平成27）年12月7日　初版第1刷発行

監　　修：日本国語教育学会
企画編集：功刀道子
編　　著：寺井正憲・伊崎一夫
発 行 者：錦織　圭之介
発 行 所：株式会社　東洋館出版社
〒113-0021　東京都文京区本駒込5丁目16番7号
営業部　電話03-3823-9206　FAX03-3823-9208
編集部　電話03-3823-9207　FAX03-3823-9209
振替　00180-7-96823
URL　http://www.toyokan.co.jp
デザイン：株式会社明昌堂
印刷・製本：藤原印刷株式会社

ISBN978-4-491-03146-0　Printed in Japan